認定NPO法人ラリグラス・ジャパン代表
長谷川まり子―著

わたしは13歳 今日、売られる。

ネパール・性産業の闇から助けを求める少女たち

合同出版

［編集部より］

この本には著者の取材に基づく性暴力描写や性暴力を受けた被害者の証言が含まれます。フラッシュバックなどの不安を感じた方、読み進めるのが辛くなった方は無理せず、休んだり誰かに相談したりしてください。

この本を読まれるみなさまへ

幼い頃から世界の国ぐにに興味があった私は、大学生になるとアルバイトをして旅費を貯め、バックパックを背負ってさまざまな国を旅しました。大学卒業後は一般企業《いっぱんきぎょう》に就職しましたが、旅好きが高じて29歳《さい》の時に退職し、トラベルライターとしての活動をはじめます。海外を取材する過程で、途上《とじょう》国の社会問題に関心を抱《いだ》くようになり、その延長線上に人身売買問題がありました。

初めて話を聞かせてもらった被害《ひがい》者は13歳の女の子でした。それまでの取材を通して貧困や教育問題等、途上国が抱《かか》える社会課題については理解しているつもりでいましたが、女の子が話してくれた人身売買犯罪の実態はあまりに凄惨《せいさん》で、想像を絶するものでした。

とても原稿《げんこう》を書いて終わりにはできませんでした。それが〈ラリグラス・ジャパン〉の代表として活動をはじめることになったきっかけです。

人身売買と聞くと、「過去にあった出来事」というイメージを抱く人が多数を占《し》めると思います。事実、講演会の場や、学校の授業に招かれて、ネパールの人身売買問題についてお話しすると、「今の時代に人が売り買いされているなんてとても信じられない」と、驚《おどろ》きの声があがります。

１９０４年、欧州《おうしゅう》12カ国で『醜業《しゅうぎょう》を行わしむるための婦女売買取締に関する国際協定』という、人身売買を禁止する最初の国際条約が締結《ていけつ》されました。そして現在、おおむねどの国においても人身売買は犯罪行為《こうい》とされています。しかし、人身売買は現在も世界中で発生している深刻な問題です。

国連薬物犯罪事務所（ＵＮＯＤＣ）の２０２２年人身売買報告書によると、２０２０年に人身売買の犠《ぎ》牲《せい》となった人は、世界に約５万３８００人。そのうち、人身売買の犠牲者の約35％は子ども、約60％は女性だといわれています。

人身売買は、けっして遠い昔の話などではありません。〈ラリグラス・ジャパン〉は27年にわたって、この問題に取り組んできましたが、未だ解決には至っておらず、今この瞬間《しゅんかん》にもネパールの女の子たちが性的搾取《さくしゅ》を目的に売り買いされているのです。

人身売買は、被害者の心と身体に深刻なダメージを負わせる卑劣《ひれつ》な犯罪です。性暴力は、魂《たましい》の殺人ともいわれています。そんな人身売買の状況《じょうきょう》を知り、私たちにできることをいっしょに考えていきましょう。

長谷川　まり子

◆この本の舞台 ネパールとインド

もくじ

＊本文中の写真のうち出典のないものは著者提供

第1章　人身売買された少女たちの身に起こったこと

インド・ムンバイのカマティプラ地区の売春宿街（58ページ参照）。
夕方頃から店の前に女性たちが立ち客を待つ。

人身売買問題が認知されるのはあまりにも遅《おそ》かった

私が南アジアの人身売買について知ったのは、フリーランスのライターとして活動をはじめたばかりだった30年前、１９９４年のことでした。インドのデリーで取材中、隣《となり》の国ネパールの幼い少女たちが売春宿に売られ、強制的に働かされているといううわさを耳にしました。その話に強く引き付けられた私は、実情を確かめるために売春街の取材をはじめることにしたのです。

当時、ネパールでは人身売買の問題にはまったく光が当てられていませんでした。ネパール国民のほとんどが、少女たちが売られているという事実を知らず、政府の関係者でさえ人身売買の存在を認めていなかったのです。

ネパール政府が、少女たちが人身売買の被害にあっているという事実を認めたのは１９９６年８月のことです。ノルウェーのストックホルムに１２２カ国の政府、ユニセフ、ＮＧＯ「アジア観光における子ども買春根絶キャンペーン（エクパット）*」などの関係者が集まり、「第１回子どもの商業的性

＊エクパット　１９９１〜１９９６年にアジアと欧米の国ぐにを中心に展開されたキャンペーン。ＥＣＰＡＴ＝End Child Prostitution in Asian Tourism。この運動から１９９７年に国際ＮＧＯ、エクパット・インターナショナルが発足（本部＝タイ・バンコク）。日本では公式関連団体としてＥＣＰＡＴ／ストップ子ども買春の会が活動している（１７３ページ参照）。

＊子どもの商業的性的搾取に反対する世界会議　１９９６年８月27〜31日開催。世界中で子どもたちが性的搾取や性的虐待の被害にあっていることを認め、緊急に国際社会が取り組むべき行動をまとめた「宣言」を発表した。
https://www.mofa.go.jp/mofaj/gaiko/jido/96/index.html

的搾取に反対する世界会議＊」が開催《かいさい》されました。この会議の場で、ネパールの人身売買問題が世界から指摘《してき》されたことがきっかけとなったのです。

しかし、あまりに時間がかかりすぎました。50年以上もの間、人身売買という重大な人権侵害《しんがい》が放置され続け、30万人ともいわれる女の子たちが犠牲になったのです。

市民の力で事態が動いた

「子どもの商業的性的搾取に反対する世界会議」の後、国内外では深刻な問題と認識されるようになり、本書の主役の1つである〈マイティ・ネパール〉＊のような人身売買の根絶のために活動するNGOが登場します。一方、なおネパール政府がこの問題に取り組むことはありませんでした。

NGOの精力的な活動は、ついに大きな山を動かすことになりました。2007年5月、ネパール政府は「人身売買は政府の責任である」との声明を発表し、2007年9月6日を人身売買廃絶《はいぜつ》デー＊に制定したのです。この

＊〈マイティ・ネパール〉　1993年設立。ネパールのカトマンズに本部がある。被害少女の保護、啓蒙《けいもう》活動、研修活動、教育活動などさまざま活動を行っている。くわしい活動は第2・6・7章で紹介。

カトマンズの〈マイティ・ネパール〉本部。

＊人身売買廃絶デー　170ページ参照。

日、首都カトマンズでは女性と子どもの福祉省《ふくし》と、〈マイティ・ネパール〉を筆頭に人身売買問題に取り組む現地NGOなど34団体が集結し、大規模なデモが行われたのでした。人身売買問題がようやくネパール全土に認知されるきっかけになったのです。

そもそもネパールという国では、1990年代まで政治団体やNGOなどの設立や活動が制限され、社会問題の解決にむけて、活動する機会を封《ふう》じられていました＊。ネパールの政治体制や社会の動きについては第2章でくわしく紹介《しょうかい》します。

年間7000人……国外に売られる少女たち

年間7000人＊もの貧しいネパール人少女が、インドへ人身売買されています。被害者の多くは14〜18歳の未成年で、大半は16歳以下。10歳にならない女の子が売買されることもあります。

電気や水道、道路さえない山間部の村に暮らす人びとは純朴《じゅんぼく》です。自分の

＊1991年、ネパールは大規模な民主化運動によって、それまで30年にわたって続いてきた「パンチャーヤト体制」（国王親政制度）が崩壊《ほうかい》しました。国王主権を定めた憲法を基にしたパンチャーヤト体制下では、一切の政党活動が禁止されていました。

＊マイティ・ネパール発表の人数。

名前さえ書けない人もいます*。そんな世間を知らない少女やその親は「カトマンズの仕事を世話してあげよう。住まいも食事も用意してくれるから、給料はまるまる貯《た》めることができるよ」「インドへ出稼《でかせ》ぎにいかないか？　ネパールの何倍も稼げるよ」などの甘《あま》い言葉にいともたやすくだまされて、インドの売春宿に売られてしまうのです。

では、私がネパールで出会った人身売買の被害にあった5人の女の子の話を紹介しましょう。

［ケース1］アンジュ（15歳）親戚《しんせき》のおじさんに売られた

アンジュは、ネパールの首都カトマンズの北東に位置するシンドゥ・パルチョーク郡の小さな村で生まれ育ちました。山の斜面《しゃめん》に棚田が広がり、晴れ

*ネパール人の若者（15〜24歳）の識字率は男性が94％、女性が91％（「世界子供白書２０２３」）。

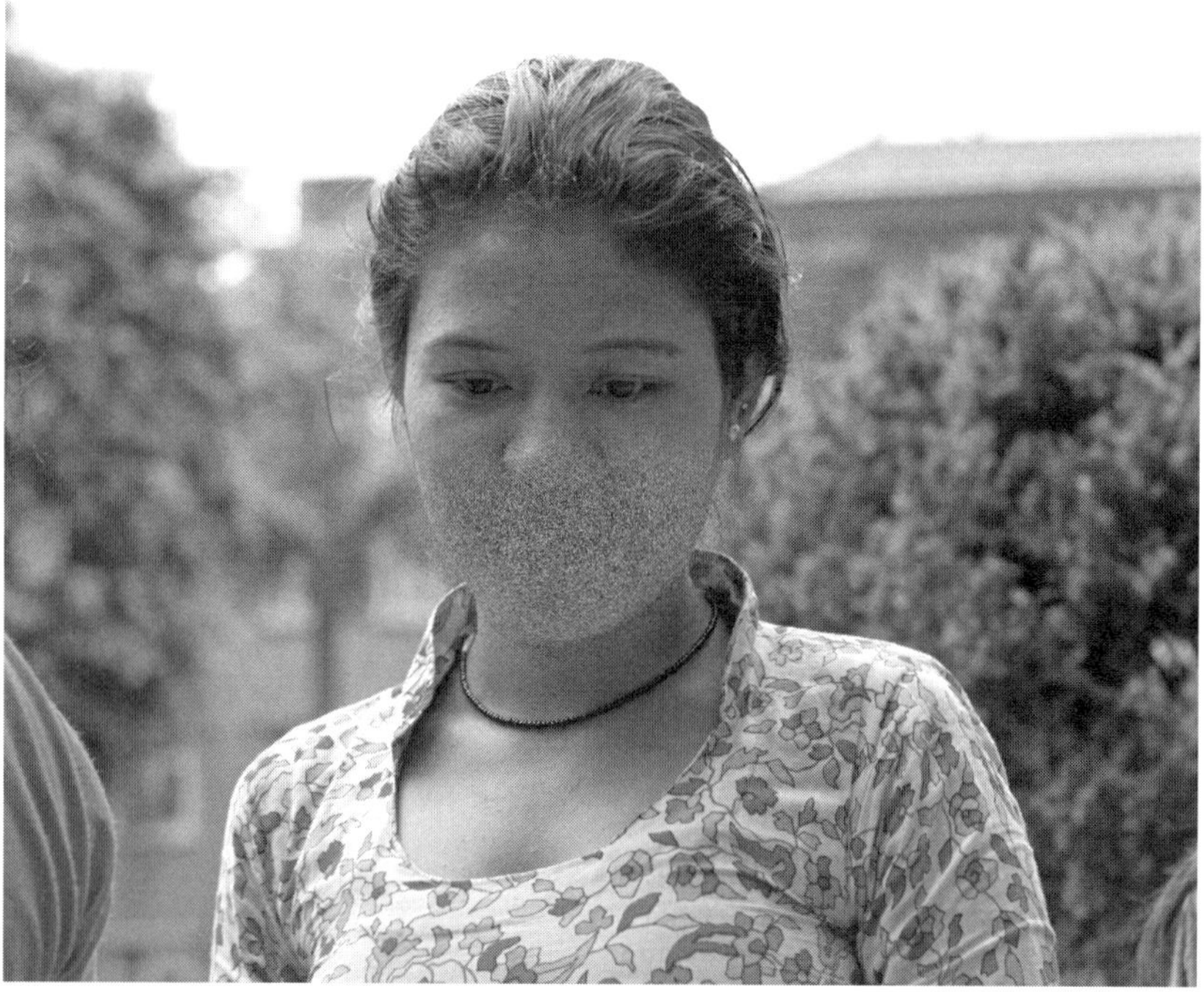

15歳のときに人身売買の被害にあったアンジュ（当時17歳、一部加工）。

た日にはヒマラヤの山が望める風光明媚《ふうこうめいび》な村です。しかし、その美しい風景からは想像もできないほど、暗く厳しい生活を強いられていました。

お父さんの仕事は農業です。トウモロコシやジャガイモを育て、数頭のヤギやニワトリも飼っていました。しかし、両親とアンジュ、兄と弟の５人家族のお腹を満たすだけの収穫《しゅうかく》量はありません。所有する土地がネコの額ほどしかないうえに、野生のイノシシが農作物を荒《あ》らしてしまうからです。

１日２回の食事は倹《つま》しいものでした。基本的には、トウモロコシの粉をお湯で練ったディドと、ダールという豆スープです。ジャガイモのカレーが供《きょう》されることもありましたが、豆の買い置きがなくなると、おかずは青唐辛子《とうがらし》と塩だけになりました。

苦しい生活を補うため、ときどき、お父さんが日雇《ひやと》い労働に出かけました。村人の家の建築現場や、道路工事の現場で石や砂を運ぶ仕事です。１日５００ルピー（約５００円）ほどになりましたが、お金が入るとお酒を買って飲んでしまいます。お母さんが咎《とが》めると暴力をふるい、止めに入ったアンジュが殴《なぐ》られることもありました。

山の斜面に段々畑が広がるネパールの山村の風景。

2歳上の兄は学校に通っていましたが、アンジュは小学3年生に進級する直前で中退しました*。弟が生まれ、家の仕事を手伝うよう言われたからです。

一日は日の出とともにはじまりました。朝いちばんの仕事は水くみです。以前は村の共同の水場がありましたが、2015年4月25日に発生した大地震《じしん》*で壊《こわ》れてしまったため、片道20分かかる水場まで足を運ばなくてはなりません。水瓶《みずがめ》を満タンにすると30キロほどあります。それを頭に乗せ、山中の細い道を運ぶのです。水くみは、午前中にもう1回、午後に2回、合計4回担わなくてはなりませんでした。

食事作りや弟の世話、ヤギのえさや薪《まき》集めもアンジュの仕事でした。農繁《のうはん》期《き》になると、地主の畑の手伝いにも行きました。1日働いてもらえるのは100ルピー*というわずかな金額でしたが、一家にとっては貴重な収入源です。すべてお母さんに渡《わた》し、家計を支えました。

働くばかりの日々のなかで、楽しみにしていたのは祭りでした。信仰心《しんこうしん》の篤《あつ》いネパールでは、年間を通して大小さまざまな祭りが行われています。こ

*ネパールでは5～12歳は義務教育期間（1～8年）としているが、8年生を修了《しゅうりょう》するのは男子で81％、女子で83％（「世界子供白書2023」）。

*ネパール大地震　2015年4月25日発生。地割れが発生、各地で建物が倒壊《とうかい》したり、エベレストでは大規模な雪崩《なだれ》が起きた。人口の約30％にあたる約800万人が被災、死者8964人、負傷者2万人以上とされている。なかでもシンドゥ・パルチョーク郡は、地震の被害が大きかった地域の一つ。

*100ルピー　ネパールの通貨単位はネパール・ルピー。1ルピーはおよそ1円。

の日ばかりは仕事を休み、お寺に参拝に出かけ、米と鶏肉《とりにく》のごちそうで祝いました。

ダサイン*は、もっとも心おどるひとときでした。15日間続くネパール最大の祭りです。新しいクルタ*を仕立ててもらい、ヤギ肉を食べられるのです。ヤギ肉はネパールでもっとも高価な食材です。そのため、育てたヤギは売りに出してしまうのですが、このダサインのときだけは食卓《しょくたく》に上りました。

食べすぎてお腹をこわしてしまうのは、毎年の恒例《こうれい》でした。その度、お母さんに叱《しか》られましたが、たとえ腹痛に見舞《ま》われても食べられるだけ食べました。そんな楽しいお祭りが終わると、また働くばかりの毎日が続きました。

おつかいへむかう途中で

アンジュは、ある日、お母さんからおつかいを頼《たの》まれました。カトマンズの外れに住む遠縁《とおえん》のおじさんから薬をもらってくるように言われたのです。

お母さんは肺の病気を患《わずら》っていました。一度、おじさんを頼ってカトマン

*ダサイン　祭りの日はネパール暦《れき》で決まるが、9～10月、稲刈《いねか》り前の時期に開かれる。さまざまな儀式《ぎしき》を行ったり、親族が集まり、ごちそうを食べる。行政機関や学校、会社などは祝日となる。

ダサインの時期、みんなが帰省するためカトマンズの街は静かになる。

*クルタ　ネパールの女性の民族衣装。丈《たけ》がひざくらいまであるトップス。同じ生地で仕立てたズボン(スルワール)と、肩《かた》からかけるショールを組み合わせて着用。普段着《ふだんぎ》としても正装としても使われる。

ズの病院にかかったのですが、一向によくなりません。医師から定期的に診《しん》察《さつ》を受けるよう言われていましたが、バス代や治療《ちりょう》費の工面ができず、おじさんを頼って薬を飲むだけにしていました。

おじさんの家には、母親に連れられて一度訪ねたことがありましたが、一人で行くのは初めてでした。迷わずたどりつけるだろうかと少し心配でしたが、言いつけを聞かないわけにはいきません。カトマンズまでの行程を何度も確認し、東の空が白みはじめるころ、村を出発しました。

アンジュの村にはバスが通っていませんでした。いちばん近いバス停は、1時間ほど山を下ったところにあります。カトマンズにむかうバスは朝夕1便ずつしかありません。乗り間違えることはないと思いましたが、バスに乗った経験は数えるほどしかなく、やはり少し不安でした。

バス停に着くと、一人の女性がアンジュに「どこへ行くの?」と声をかけてきました。「カトマンズ」と答えると、女性もカトマンズへ行くと言うので、心強くなりました。

小一時間ほどいっしょに待つと、うなるようなエンジン音とともにバスが

カトマンズ市内の仕立て屋の店頭にディスプレイされていたクルタ。

やってきました。車内はほぼ満席でしたが、かろうじてその女性と並んで座るスペースを確保することができました。

いくつもの小峠《ことうげ》を越《こ》え、カトマンズまでは5時間ほどかかります。バスの中で、女性はなにかと気にかけてくれました。途中、トイレ休憩《きゅうけい》で止まった茶店では、コーラをごちそうしてくれたそうです。

しかし、アンジュの記憶《きおく》はここで途絶えてしまいます。いつの間にか深く眠《ねむ》りこんでしまったのです。

目が覚めて

目覚めたのは、薄暗《うすぐら》い部屋のベッドの上でした。アンジュの頭の中は、霞《かすみ》がかかったようにぼんやりしていました。バスの中でないことだけはわかりましたが、状況がのみこめません。パニックに陥《おちい》りそうでしたが、懸命《けんめい》に落ち着こうと努め、あたりの様子をうかがいました。

ゲストハウス（簡易宿泊施設）の一室のようでした。エンジン音やクラクションが絶え間なく聞こえることから、バスターミナルからさほど遠くないところのようでした。じょじょに頭の中の霞が晴れてくると、おつかいの途中だったこと、おじさんがバスターミナルまで迎《むか》えに来てくれることを思い出し、部屋の扉《とびら》を開けようとしましたが、鍵《かぎ》がかかっていました。

「だれかいませんか？　ここから出してください！」

大声をあげましたが、だれも来てくれません。それでもあきらめることなく叫《さけ》び続けると、バス停で出会った女性が姿を見せました。そしてバスの中とは打って変わった冷たい表情でこういったのです。

「お前は売られたんだよ。私はお前のおじさんに金を払《はら》った。その金はお前の借金だ。全額返すまで働いてもらうよ！」

なにを言われているのか理解できませんでした。

「おじさんがバスターミナルで待っているんです。心配しているはずです。行かせてください！」

ひざまずいてくり返し頼みましたが、女性は言うことを聞いてくれません。その代わり、驚くべき言葉が返ってきたのです。

停車中のリクシャー。左側は運転手がこいで動かすタイプ、右側は自動三輪車に客席を取りつけたものでオートリクシャーとよばれる。

「迎えになんか来るもんか！　おじさんがお前を売ったんだよ！」

おじさんと会ったのは一度だけ。お母さんに連れられて会いにいったことがありました。リクシャー*の車夫をしていて、村に帰る日、お母さんとアンジュをバス停まで乗せてくれました。あの親切なおじさんが自分を売ったというのです。

「そんなはずはない！　うそを言わないで！　ここから出してください！」

アンジュは涙《なみだ》ながらに助けを乞《こ》いましたが、女性は聞き入れることなく立ち去りました。そしてこの後、恐《おそ》ろしいことが起こります。女性と入れ替《か》わりにやってきた若い男にレイプされたのです。必死で抵抗《ていこう》しましたが、頬《ほほ》を何度も殴られ、抗《あらが》いきることはできませんでした。

後でわかったことですが、「おじさんがお前を売ったんだ」という女の話は本当のことでした。実はこの女性はピンプ（周旋人《しゅうせんにん》）*とよばれる、少女たちをだまして売春宿に売り渡す人身売買グループの一員だったのです。おじさんからアンジュの情報を仕入れ、アンジュに接近してきたのです。茶店で飲ませてくれたコーラに、睡眠薬《すいみんやく》が入っていたにちがいありません。

＊リクシャー　ネパールやインドでタクシーとして使用されることの多い三輪自転車。

＊ピンプ　英語で売春をあっせんする者の意味。両親や親戚に対して女の子を売るように説得したり、女の子に接触《せっしょく》して連れ去り、ブローカーに売り飛ばす役割（１０６ページ参照）。

インドの売春宿へ

　翌朝、アンジュは男に連れられてバスに乗りこみました。いくつか峠を越えると道路は平坦《へいたん》になりました。途中の茶店で2度ほど休憩をとり、太陽が地平線に近づきはじめる頃、国境の町スノウリ＊に着きました。ここから先はインド＊です。

　バスを降りる直前、男は低い声でこう指示しました。

「検問所でどこへ行くのかと聞かれたら、デリーのおじさんの家へ行くと答えろ。おじさんの電話番号を聞かれたらこの番号を言え。俺《おれ》はお前の従兄《いとこ》だぞ、いいな」

　検問所には警察官が立っていました。逃《に》げ出そうとする気持ちはほとんど失せていました。借金を返さない限り解放してはもらえない、抵抗すればまた殴られると思ったからです。だれに助けを求め、どちらにむかって走れば逃げ切れるのかさえもわかりません。それでも、「不審《ふしん》に思った警察官が助

＊スノウリ　スノウリは通称《つうしょう》で正式な地名はベラヒヤ。ネパール南部の町で、税関と出入国管理施設《しせつ》が置かれている。

＊インド　人口は2022年の世界銀行統計では14億1717万人だが、国連は2023年中に世界1位になるとみている。インドへの入国者は2019年に1207万人を超えた（CEICデータ）。首都デリーにG・B・ロード（92ページ参照）という売春街があるほか、東部コルカタのソナガチ地区や西部ムンバイのカマティプラ地区など、大規模な売春街がある。

けてくれるかもしれない」と、一縷《いちる》の望みを抱《いだ》いていましたが、男が身分証を見せると、二言三言、言葉を交わしただけで通過してしまいました。

国境を越えた後、別のバスに乗りかえました。広大な平地を一晩中走り、翌日の昼頃、大きな街のバスターミナルに到着《とうちゃく》しました。今度はオートリクシャーに乗りかえ、ひしめき合うように立ち並ぶ家々の間を通り抜《ぬ》けて、古びた4階建ての建物に連れていかれました。

男が入り口で声をかけると、太った中年女性が現れました。男はその女性にアンジュを引き渡すと、急ぐように立ち去りました。この男は、ネパールの国境を越えてインドまで女の子を運び、売春宿に売り渡すトラフィッカー＊だったのです。

見知らぬ土地に置き去りにされ、改めて恐怖心がこみあげてきました。

「ここはどこですか？　男の人はどこへ行ったのですか？」

震《ふる》える声で問うと、女性はこう言い放ちました。

「お前は売られたんだ。ここは男の相手をする店さ。今日から客を取ってもらうからね」

スノウリにあるインドとの国境（2009年撮影、イメージ）。
Ishan Adhikary,Flickr

＊トラフィッカー　指定された場所、時間に荷物を運ぶ人、運び屋のこと。人身売買では女性たちをブローカーや売春宿まで届ける役をする。

太った中年女性は、売春宿の経営者（ガルワリ）でした。アンジュは絶望のふちに突《つ》き落とされました。

アンジュのケースでは、最初におじさんとピンプの間にどんな話があったのか、ピンプの女がアンジュがバスに乗る日をどうして知ったのか、真相はわかりません。

［ケース2］ジーナ（7歳）
お義母《かあ》さんとおじさんに売られた

私が初めて会ったときのジーナは、白い肌《はだ》と小鹿のような長いまつ毛、澄《す》んだ瞳《ひとみ》が印象的な13歳の女の子でした。

「あなたから話を聞きたいの。でも、答えたくなければ答えてくれなくていいのよ。話したいことだけ話してくれればいい」

そう切り出すと、彼女《かのじょ》は静かに語りはじめました。

「私の家は、カトマンズの近くの村です。お父さんは農業をしていました

◆アンジュの人身売買に関わった人物

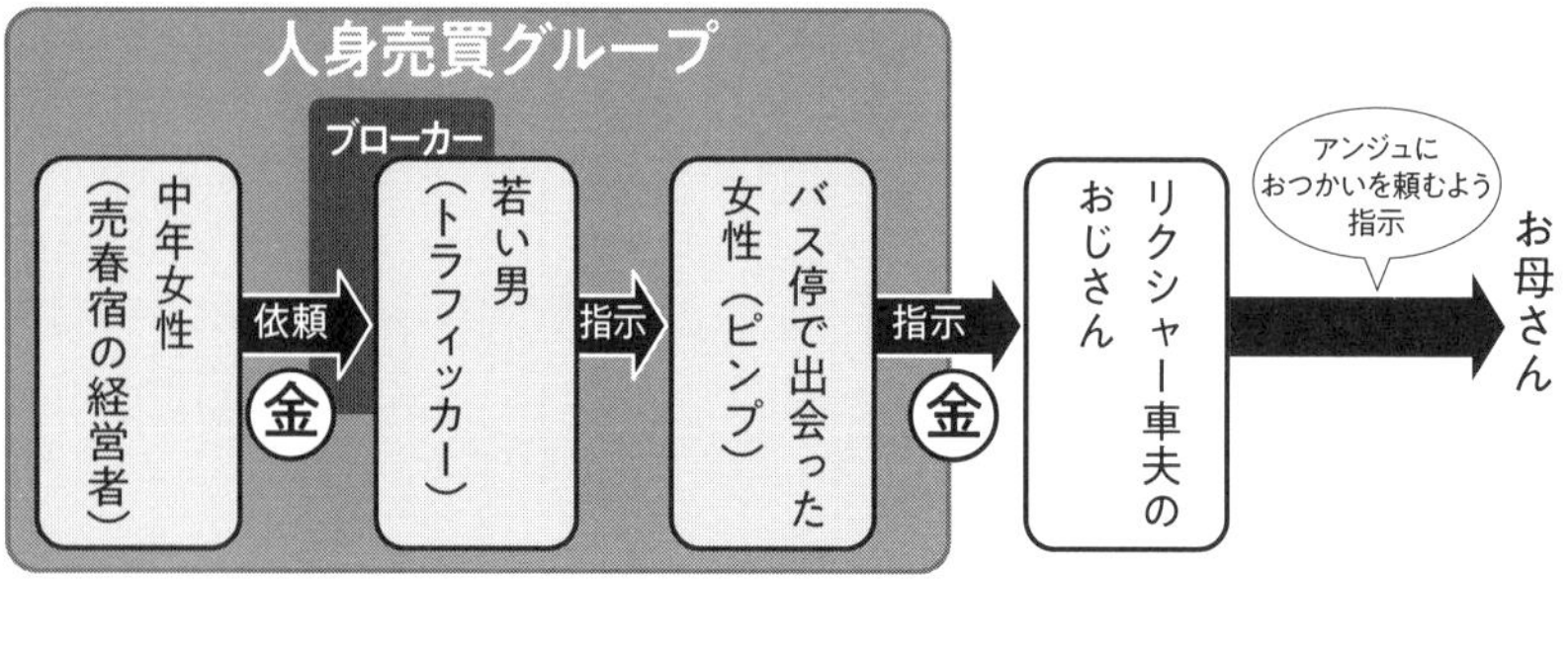

が、身体が弱くてあまり働けなかったので、とても貧しい暮らしでした。私が3歳のとき、お母さんが病気で亡くなりました。お父さんはすぐに再婚《さいこん》し、弟が生まれました。でも、数年後、お父さんも亡くなってしまいました」

父親の死を境に、お義母さんはジーナをこき使うようになりました。家事や畑仕事、弟の世話をするよう言いつけられ、学校にも行かせてもらえませんでした。

7歳のとき、お義母さんがおじさんとよび、ジーナがおじいさんとよんでいた人の家に連れていかれました。そこで、しばらくおじいさんの子どもの世話をさせられていましたが、ある日、若い男が訪ねてきたのです。

「おじいさんがその男とおつかいに行ってきてくれと言うので、いっしょにバスに乗りました。10時間以上バスに揺《ゆ》られ、その後、列車に乗りかえました。そして4日目の朝、大きな街のビルの一室に到着しました」

そこは、ムンバイ＊にあるカマティプラ地区＊の売春街でした。男は姿を消し、代わって女が現れました。

「今日から客を取れと言われました。客を取るという意味がわかりません

＊ムンバイ　インド西海岸に面するインド第2の都市。カトマンズからは2000キロほどの距離《きょり》。人口は1840万人（2011年、インド国勢調査）。

ムンバイ市内。アラビア海に面する湾岸には高層ビルも立ち並ぶ。

＊カマティプラ地区　58ページ参照

でした。とても怖《こわ》くなって、嫌《いや》だと言うと殴られました。ほかの店では、もっとつらいことをさせられる、うちの店はとてもいい店だと言われましたが、その言葉の意味もわかりません。でも、もう逃げられないのだということだけは理解できました」

女はガルワリ＊でした。ジーナはお義母さんとおじいさんとよんでいた男に売られたのです。その日の夕方、ジーナは最初の客をとらされました。翌日も翌々日もたくさんの客の相手をさせられました。売春宿にシャワーはなく、客は汗《あせ》ばんだ身体のまま襲《おそ》いかかってきました。店側は、客にコンドームの着用を勧《すす》めましたが、形式的なもので、嫌がる客も多かったといいます。わずかなチップでジーナを意のままにする客もいて、拒否《きょひ》すると客やガルワリに殴られました。あまりのつらさに解放してほしいと懇願《こんがん》しましたが、そのたびにひどく叱られました。

＊ガルワリ　売春宿のオーナー。売春宿のオーナーの99％が女性で、大半が元売春婦と言われている。

幾重《いくえ》にも覆《おお》われた暴力のケージの中で

7歳の美しいジーナは格好の商品となり、1日に10人もの客をとらされました。客が支払った金＊は、すべて店側が取ってしまい、ジーナの手元には硬貨《こうか》1枚さえも入りませんでした。

これはジーナに限った話ではありません。

少女たちに与《あた》えられるのは粗末《そまつ》な食事と数枚の衣類、粗悪なメイク道具だけ。少女たちには1ルピーもお金《かね》が回ってきません。客がチップをくれることもありますが、店が取り上げてしまいます。「CAGE（ケージ）」といわれる鳥かごのようなせまい部屋に閉じこめられ、重い病気にかかるか、客がつきにくくなる年齢《ねんれい》になって放り出されるまで売春を強要される、まさに性《せい》奴隷《どれい》として酷使《こくし》されるのです。

度重なる暴力によって、ジーナの両手足は麻痺《まひ》してしまいました。

「歩くことも、自分で食事をすることもできなくなりました。そんな身体

＊ジーナの値段　30分相手をして80～100インドルピー（当時のレートで約240～300円）。夜通しでは、450～500インドルピー（約1350～1500円）。

になってもベッドに転がされて働かされました。もう絶対に逃げることはできないのだとあきらめるしかありませんでした」

仕事を拒《こば》めば暴力が加えられます。用心棒に雇ったマフィアが常に見張っているため、脱走《だっそう》することもかないません。隙《すき》を見て逃げだしたとしても、すぐに捕《つか》まってしまいます。売春宿が軒を連ねる一角は、悪徳警官によって守られているからです。売春宿から賄賂《わいろ》をもらい、法律で禁じられているはずの人身売買や売春を黙認《もくにん》し、擁護《ようご》する側に回っているのです。

救出された日

6年がすぎたある日、彼女に幸運が訪れます。ムンバイ警察が売春宿街を摘発《てきはつ》し、十数人の少女とともに救出されたのです。その後、国境でネパール警察に引き渡され、〈マイティ・ネパール〉に保護されたのでした。どのように少女たちを救い出すのかは、のちほど私も立ち会ったある救出劇でくわしく紹介します（第5章参照）。

私がジーナと会ったのは、１９９７年、〈マイティ・ネパール〉が運営する保護施設の一室でした。ほとんど機能しなくなっていた両手足は医療《いりょう》ケアとリハビリにより、片足をひきずりながら伝い歩きをし、自分で顔を洗えるまでに回復していました。そしてＨＩＶ＊に感染していました。

「病気のことは知ってます。もう、あまり時間がないかもしれないけれど、今、職業訓練を受けています。テーブルクロスの絵付けです。がんばって勉強して、市場に出せるぐらいじょうずになって、お金を稼いで自立したい」

ささやくような小さな声でした。

彼女の話を聞く間、何度ものどの奥《おく》が詰《つ》まりました。貧しい家庭に生まれ、学校にも行かせてもらえず、７歳で売春宿に売られ、やっと救出されても迎えてくれる家族はありません。重い病を背負わされ、あとどれくらい生きられるのかもわからないのです。

彼女が生まれてきた意味はどこにあるのだろう――。そう思うと胸がふさがる思いだったのです。危うく落ちそうになる涙を必死に食い止め、肩まで垂らした彼女の髪《かみ》を２つに編んでみました。

＊HIV　感染後、発症《はっしょう》すると免疫《めんえき》が低下し、エイズを発症する。ヒト免疫不全ウイルス。ジーナの場合は、性暴力によって感染したと考えられる。

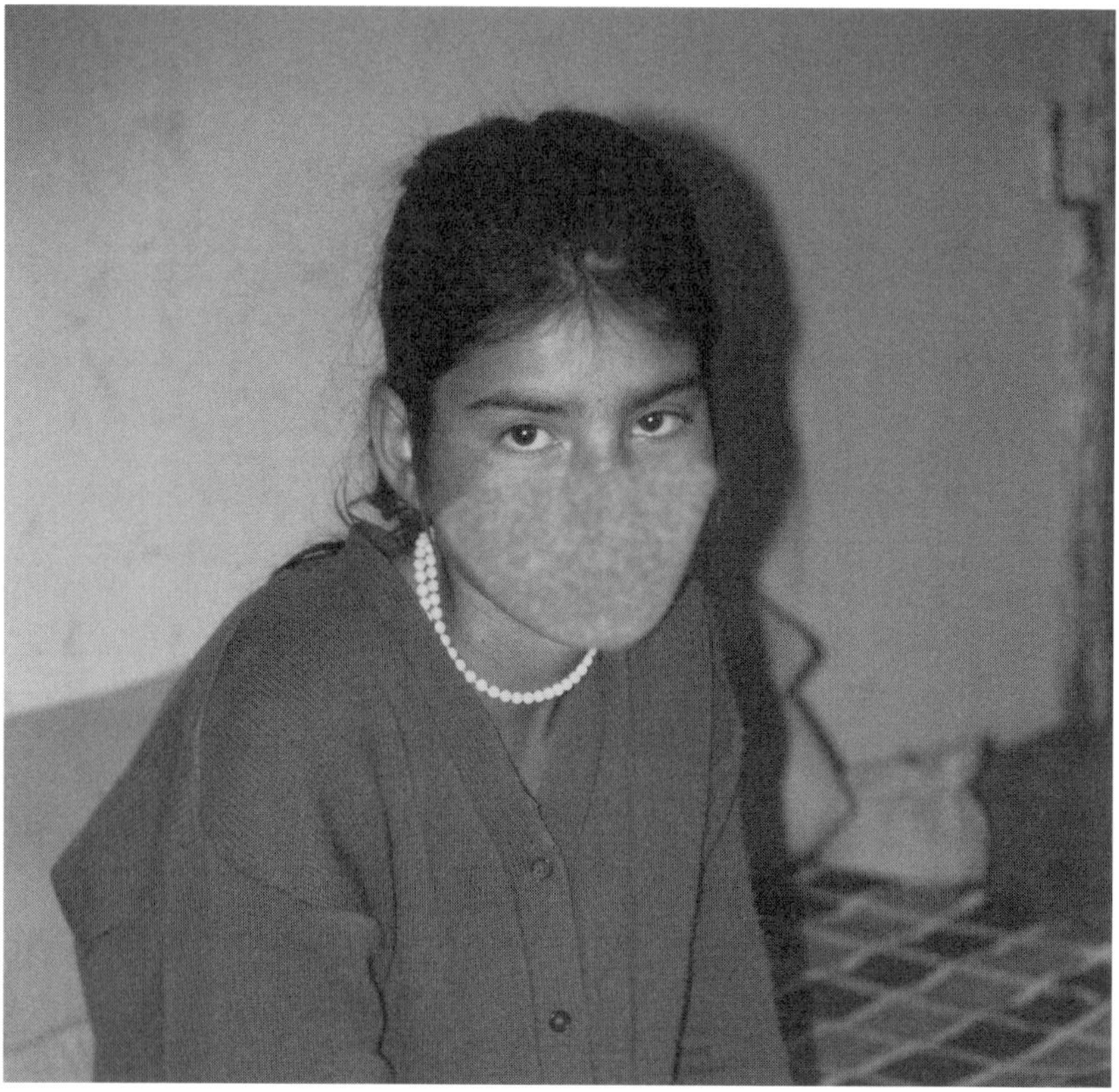

保護施設で話を聞かせてくれたジーナ（当時13歳）。

「あなたの髪型、こんなふうにしたらステキだと思うよ」

そう声をかけると、無表情だった彼女の頬にかすかな笑みが浮《う》かびました。そして、私の手をぎゅっと握《にぎ》ると、長い間、離《はな》そうとしませんでした。

ほんの一瞬《いっしゅん》見せてくれた笑顔は、同世代の女の子のものと変わりなく、少しだけ安堵《あんど》を覚えました。そして、あれほど過酷な環境《かんきょう》に置かれながら６年も生き抜いた彼女に、尊敬にも似た感情を抱いたのでした。

［ケース３］スニタ（14歳）
仕事を紹介するとそそのかされた

２０１６年４月、〈マイティ・ネパール〉が運営する中部ネパールの工業都市ヘタウダのキャンプで出会ったタマン族＊の女の子スニタ（18歳）は、キャンプでの縫製《ほうせい》訓練が間もなく修了を迎えようとしていました。

初めて会ったときのスニタは、うつむくばかりでなかなか話そうとしませんでした。

＊タマン族　おもにネパール北部・東部で暮らす、日本人と同じモンゴロイド系の民族。タマン族の60％以上が１日あたり１・25ドル以下の国際貧困ラインを下回る生活を強いられている（外務省）。丸みを帯びた顔と小柄《こがら》な体格は実年齢より幼く見え、肌が白いところから、インドに人身売買されるターゲットになりやすい。

「好きな食べ物はなに？　私はアチャール＊が好きなの。だからいつも食べすぎちゃう。以前、東ネパールのカカルビッタという街でおなかを壊して病院に行ったんだよ」

私の失敗談をおもしろおかしく話すと、だんだん表情が和らいでいきました。そして「私の好きな食べ物は肉です」とはにかむように答えると、ようやく笑顔を見せてくれたのです。しばらく雑談を続け、タイミングを計って「あなたの話を聞かせてくれない？」と切り出してみると、ゆっくりと言葉を紡《つむ》ぎはじめました。

「私の家はティストゥン村＊にあります。いちばん近いバス停まで2時間かかります。家族はお父さん、お母さん、おじいさん、おばあさん、妹と私の6人でしたが、7歳のときにお母さんが病気で亡くなりました。お父さんはすぐに再婚して家を出ていきました。私と妹は、おじいさんとおばあさんと暮らしていくことになりましたが、2人とも歳をとっていたので働けません。とても貧しくて、お米や肉はほとんど食べたことがありませんでした」

家はわずかな土地しか持っておらず、4人分の食べ物を自給することは到

＊アチャール　ネパールやインドで日常的に食べられているキュウリや大根、トマトなどの野菜を香辛料《こうしんりょう》や酢《す》で味付けした漬《つ》け物。

＊ティストゥン村　カトマンズから車で3時間ほどのマクワンプル郡の村。

底できません。そこで広い土地を持つ農家の作業を手伝って豆や野菜を分けてもらい、なんとか糊口《ここう》をしのぐという暮らしでした。

「たまにお父さんが様子を見に来ましたが、すぐに帰ってしまい、お金をくれたことはありません」

家族の生活を支えるため、スニタは必死に働きました。そして14歳になったある日、1人の男と出会います。

「村に布を売りにきた人でした。村には生地を売る店がないので、ときどき行商人が来るのです。私の家にはお金がなかったので買うことはできませんでしたが、どんな品物があるのか見に行ってみたのです」

買い物を終えた女性たちが帰ると、スニタだけが残りました。すると男が声をかけてきました。

「気に入った布はあるかと聞かれたので、ないと答えました。そのあとも聞かれるまま家族のことなどを話しました。この村には仕事もないからたいへんだろうと言われたので、たいへんだと答えました。すると、カトマンズの工場の仕事を紹介してやると言いました。住むところも用意してくれるし、いい給料がもらえるから仕送りもできる。街の大きな店できれいな服も買える。休みの日には映画館にも行ける。明日の朝、カトマンズに帰るからいっしょに行こうと言われました」

とても魅力的《みりょくてき》な話でした。しかしあまりに急なことだったので、はじめはもちろん断りました。けれど、男にこう言われて決心したのです。

「働き口はいつもあるわけじゃない。今はたまたま1人分の空きがあるだけ。迷っている間にほかの人で決まってしまう。次のチャンスはもうないだろう」

この男がピンプでした。この男のように、行商人を装って貧しい村に入りこむのはよくある手口です。女性たちの興味をそそる布地やアクセサリーを並べて、やりとりのなかでターゲットを見定めます。ターゲットとなるのは、貧しく家庭環境に問題がある女の子です。

田舎の貧しい家庭の女の子

電気やガス、上下水道もない山間の村では、現金収入が保証される仕事はほとんどありません。山の斜面を削《けず》って作ったせまい田畑では十分な収穫量は期待できず、食べるのもやっとの生活を送っています。女の子は、小学校にも行かせてもらえず、家事や畑仕事を手伝い、10歳近くになると大きな農家の日雇い労働に出て家計を支える暮らしが待っています＊。こうした貧しい女の子たちが、仕事のあっせんを口実に、連れ去られていきます。

誘《さそ》いの手口は実に巧《たく》みです。まず雑談のなかで魅力的な話を持ちかけて、今の生活から逃れられるかもしれないと夢を抱かせるのです。そして、その気になったところでもう一押《ひとお》しします。

「反対されればチャンスを逃すことになる。急にいなくなれば心配するだろうが、１カ月くらい働いて給料をもらったところで里帰りすればいい。たくさん土産を持って帰れば喜んでくれるはず」などと、家族には内緒《ないしょ》で出て

山間の村。中央より少し右と少し左の山の斜面に家が点在している。

＊ネパールの児童労働の割合は22％（男の子20％、女の子23％）にのぼる（世界子供白書２０２３）。

くるよう言い含《ふく》めるのです。

スニタは男に促《うなが》されるまま、翌朝、密かに家を出ました。荷物は数枚の着替えと櫛《くし》、歯ブラシと歯みがき粉と石けんです。彼女の私物はもともとこれだけでした。

初めて見る景色

村の外れで男と落ち合って山を下り、バスに乗りました。小一時間もすると、視界が大きく開けました。初めて見る広大な景色に、スニタは感激したといいます。しかしその景色こそが、この先に待ち受ける危険を示唆《しさ》していたのです。

スニタの村からカトマンズまでは、いくつもの峠を越えていくことになります。もう少しでカトマンズというなら、低山に囲まれた盆地が見えてくるはずですが、車窓から見えたのは平野ばかり。バスはネパール南部に広がるタライ平原＊に差しかかっていたのです。その先にはインドとの国境があり

＊タライ平原　国土の17％を占める広大な平原。米・小麦・トウモロコシなどの田畑が広がる穀倉地帯であり、チトワン国立公園をはじめ点在する野生動物保護区にはトラ、サイ、ゾウ、淡水イルカなどの希少な動物が生息している。

ました。しかし、学校に通ったことがないスニタに、ネパールの地理がわかるはずもありません。地名を記す道路標識を読むことすらできないのです。

学ぶ機会を奪われるということは、正しい情報を得る力を養えないということです。文字の読み書きができ、地理の知識があれば、途中で自分のむかっている先がカトマンズではないことに気付いたはずです。教育を受けていないと、トラブルにあったり、悪意ある人にだまされる危険があるのです。

国境で……

スニタはカトマンズにむかっていると信じて疑わず、男に指示されるまま国境の手前でバスを降りました。

「男の人は、橋を渡ったむこう側で待っているから、1人で来るようにと言いました。だれかにどこへ行くのかと聞かれたら、『むこう側の街のおじさんの家に行く』と答えるよう言われました。

国境の大きなゲートにむかって1人で歩いていくと、女の人が声をかけてきました。男に教えられたように答えたら保護されたのです。私をここまで連れてきた男の人は、そのまま逃げてしまいました」

スニタはインドに連れ去られる寸前、国境で足止めされたのです。保護してくれたのは、警察と合同で国境の監視《かんし》を行っている〈マイティ・ネパール〉のボーダーガード＊でした。インドとの国境にボーダーガードを配し、少女を連れた挙動不審な男や、女性だけのグループ、１人で越境《えっきょう》しようとしている女の子がいれば、身分証をチェックして行先や目的などを尋《たず》ねるのです。例えば「サウジアラビアへ出稼ぎに行く」と言いながら、パスポートを所持していないなど、説明に不審な点があればその場で保護します。こうした国境での水際作戦では２０２１年の１年間だけで２０４５人を人身売買犯罪から守ることができました。

ネパールを出国する寸前で保護された14歳のスニタでしたが、村では暮らしていけないため、〈マイティ・ネパール〉のキャンプに身を寄せることになりました。

その後のスニタの暮らしぶりは第６章で紹介しますが、キャンプで縫製技

＊ボーダーガード　国境で人身売買を監視する〈マイティ・ネパール〉のスタッフ。インドとの国境13カ所にスタッフを派遣《はけん》して、朝6時から夕方6時の12時間国境の検問をし、人身売買の被害者らしい女の子を見つけたら声をかけて、水際で保護する。

左の2人が〈マイティ・ネパール〉のスタッフ。右の国境警察と共に、監視業務に当たっている。

術を学び、その技術を活《い》かして自分のお店をはじめたり、村の女性たちの先生として技術指導をするまでになりました。

［ケース4］カビータ（10歳）
お義母さんに売られた

9歳のとき、カビータの人生は最悪の事態に陥ってしまいました。お母さんが亡くなり、翌年、お父さんは新しい妻を迎えました。そしてすぐに弟が生まれました。

新しいお義母さんは自分が生んだ子どもばかりかわいがり、カビータを邪《じゃ》険《けん》に扱《あつか》いました。小学3年生で学校を退学させられ、すべての家事をやるように言いつけられました。

事あるごとに「なにをやらせても遅い娘だね！」「こんなことも満足にできないのか！」と、怒声《どせい》を浴びせられ、たたかれることもありました。しかしお父さんは、見て見ぬふりをするばかりで頼りになりませんでした。

〈レスキュー・ファンデーション〉が運営するボイサルの施設でにこやかに話をしてくれるカビータ（右は筆者、一部加工）。

お父さんに一度だけ、「学校に行かせてほしい」と頼んでみました。毎夜、枕《まくら》を涙でぬらすほどつらい暮らしのなかで、勉強することだけが唯一《ゆいいつ》の希望だったのです。

「家事も怠《なま》けることなくきちんとやります。家の用事があるときは学校を休みます。だからどうか、勉強を続けさせてください」

そう訴《うった》えました。しかし、返ってきたのは「勉強など必要ない」の一言だけで、まったくとりあってもらえませんでした。

カビータのお父さんのように、「(女の子は)結婚して家事や育児を担うだけの存在だから教育など必要ない」という考えは、農村部の貧困家庭になるほど根強く残っているのです。貧しい家庭は教材費を賄《まかな》うことも難しく、辺境地には学校が近くにないため、長い時間、歩いて通わなければなりません。貴重な労働力である子どもが学校に通うと、それだけ働き手が少なくなってしまいます。男の子よりも優先順位が低い女の子の教育が軽んじられてしまうのです。

10歳になったカビータは、お義母さんからムンバイで暮らす知り合いの女性の家に行って、家政婦の仕事をするよう命じられました。それから1週間ほどすると、女性が迎えに来ました。バスと電車を乗り継《つ》ぎ、3日かけてたどり着いたのはムンバイの売春宿でした。

売春宿に売られながらも、まだ幼かった彼女は炊事《すいじ》や洗濯《せんたく》といった下働きをさせられていました。前出のジーナのようにわずか7歳でも客の相手をさせる店はありますが、カビータが売られた店がそうでなかったことは不幸中の幸いでした。そして、10歳で売られてから1年ほど経ったときのことです。カビータは、インドで活動するNGO〈レスキュー・ファンデーション〉＊によって救出されました。

帰国しないという選択

救出されたネパール出身の女の子たちは、本来であれば、健康診断《しんだん》とカウンセリングを受け、必要な法的手続きを行った後、ネパールに送還《そうかん》されます。家族が迎え入れてくれるのであれば直接家族のもとへ、家族の受け入れが困

＊〈レスキュー・ファンデーション〉1993年設立。人身売買された少女たちを売春宿から救い出す活動をしている。

We take pride when we receive death threats, this reassures that our work is hurting them- Triveni Acharya
〈レスキュー・ファンデーション〉代表のトリベニ・アチャルヤさん。（112ページ参照）

難な場合は〈マイティ・ネパール〉で社会復帰を目指すことになっているのです。

カビータも、「ネパールに帰って〈マイティ・ネパール〉の寮《りょう》で暮らしてはどうか」と勧められましたが、「自分を売った親になんか二度と会いたくない！」と頑《がん》として首を縦にふらなかったと言います。帰国を拒んだカビータは、〈レスキュー・ファンデーション〉に保護されることになりました。

〈レスキュー・ファンデーション〉の保護施設はホームとよばれ、ムンバイ郊外《こうがい》のボリヴァリ＊や、ボイサル＊、デリー＊、プネー＊の4カ所で運営されています。カビータは、周囲に田畑が広がるボイサルのホームで生活することになりました。

私がカビータと初めて会ったのは、インド・ボイサルの施設に保護されてから半年ほど経ったときのことです。広い額とふっくらとした白い頬、切れ長の目が印象的な12歳の女の子でした。

「ナマステ。サンチャイ・フヌフンチャ？　メロ・ナム・マリコ・ホ（こんにちは。元気ですか？　私はマリコといいます）」

＊ボリヴァリ　ムンバイ市内から北へ40キロの町。
＊ボイサル　ムンバイ市内から北へ120キロにあるマハラシュトラ州ターネー県の町。
＊デリー　インドの首都。旧市街にはインド最大の売春宿街G・B・ロード（92ページ参照）がある。
＊プネー　ムンバイから南へ170キロにある都市。IT産業が多く集まる街で、国内有数の売春宿街がある。

そうネパール語で話しかけてみましたが、消え入るような声で、「ナマステ……」と一言、返してくれただけでした。スタッフの女性は、口数が少ないのはネパール語を忘れてしまったからだと言っていましたが、キリリと結ばれた口元から「賢《かしこ》くて、芯《しん》の強そうな女の子だな」と感じました。初対面で抱いた印象どおり、彼女はとても努力家で優秀《ゆうしゅう》でした。

夢にむかって

カビータが暮らすことになったボイサルのホームでは、インドの教育システム＊に準じたカリキュラムで授業が行われています。ネパールで小学３年生の途中まで学校に通っていたカビータは、インドの小学4年生として勉強することになりました。ヒンディー語はデーヴァナーガリーというネパール語と共通した文字なので、共通する単語もたくさんあるのですが、文法やイントネーションなどまったく異なる言語です。母語ではない言語で勉強するのですから、授業についていくだけでもたいへんだったにちがいありません。

＊インドの教育制度　５（5～10歳）・３（10～13歳）の8年間が義務教育。中学2年（13～15歳）修了後、共通試験があり、それに合格すると2年間（15～17歳）上級中等学校に進学できる。上級中等学校修了後にも共通試験があり、成績によって進路が左右される。

それでも上級中等学校の修了共通試験を優秀な成績でパスしたのです。もともと聡明だったのに加え、人一倍努力したからこその結果でした。

実は、15歳になったばかりの頃、カビータは初恋《はつこい》を経験します。恋をした相手は体育の先生でした。

しかし、男女の関係に敏感《びんかん》なヒンドゥー教の社会＊では、教師と生徒の恋《れん》愛《あい》を公にすることはできません。実の母親のように慕《した》う〈レスキュー・ファンデーション〉のトリベニさんに隠《かく》しごとはしたくありませんでしたが、上級中等学校修了後の共通試験に合格するまでは控《ひか》えることにしました。カビータが17歳になった春、無事に試験に合格したことで、やっと秘密を打ち明けられるようになったのです。

2人はかねてから交際していること、できるだけ早く結婚したいと思っていることなどをトリベニさんに話しました。浮《うわ》ついた様子は露《つゆ》ほども感じられず、トリベニさんは、真剣《しんけん》な交際であることを十分理解しました。しかし、こう提案したそうです。

「看護師になるのがあなたの夢でしたね。がんばって勉強して看護師にな

＊ヒンドゥー教の社会　ネパールでは2006年までヒンドゥー教を国教としていた。

り、まずは社会経験を積んでみてはどうか。4、5年先のことになるが、それでも気持ちが変わらなければ結婚を許します」

2人はこの提案に従うことにしました。

自立の道へ

カビータは、看護専門学校に入学しました。学校には片道1時間40分かけて通わなくてはなりませんでしたが、道が川になるほど雨が降るモンスーンの季節も、肌を刺《さ》すような強い日差しの夏も、1日も休むことなく通学しました。

3年半、看護学校に通い、国家試験に合格して看護師の資格を取得しました。ホームを出てムンバイ近郊の病院に就職し、夢を実現します。そして看護の仕事に就いて2年目の年、もうひとつの目標の結婚が決まったのでした。

私のところに〈レスキュー・ファンデーション〉のスタッフから、「カビータの結婚が決まりました」と記されたメールが届きました。結婚相手があの体育の先生だと知り、喜びと同時にとても驚いたものです。

現在、カビータは2児の母です。看護師の仕事も続けており、忙しくも幸せな毎日を過ごしているようです。

もし、10歳で人身売買されたカビータが救出されることなく、そのままの人生を送っていたら、どんなことになっていたのでしょう。想像するのも恐ろしいことです。それにつけても、カビータの可能性が大きく花開く手助けをしたさまざまな人びとに感謝を捧《ささ》げたいと思います。

〔ケース5〕カルパナ（16歳）ボーイフレンドに売り飛ばされた

カルパナは、首都カトマンズのバラジュ地区＊に住んでいました。雑貨店を営む両親と兄、弟の5人家族。映画とおしゃれが好きな平凡《へいぼん》な女子高生でした。カルパナの日常を大きく変えたのは高校の卒業試験を終え、２０１６年の春休みに入って間もなくのことです。フェイスブック＊に来た1通のメ

＊バラジュ地区　カトマンズ市北東部、最大の繁華街タメル地区から4キロほどの地域。
＊フェイスブック　世界で最も利用されているＳＮＳと言われ、月間利用者数はおよそ30億人とされる（２０２３年10月）。国・地域別のユーザー数の1位はインド（２０２３年5月）。２０２１年10月、社名を「メタ」に変更《へんこう》。

ッセージがきっかけでした。

出会いはSNS

「私の写真を見たという男性が、かわいいねってメッセージをくれたのです。メッセージをやりとりするようになって、電話でも話すようになりました」

高校生のカルパナにとって、初めてのボーイフレンドでした。毎日のようにかかってくる電話が待ち遠しくてならず、着信があると胸が高鳴りました。

「あるとき、彼からインドへ遊びに行こうと誘われました。反対されると思ったので、親には黙《だま》って家を出ました。バスと列車を乗り継いで、インドに着きました。3階建ての家に入るように言われ、中に入ると3人の男がいて、レイプされました。男たちから明日から客をとるように言われました。嫌だというと何度もたたかれ、〝お前を連れてきた男に大金を払った。お前の借金だから全額返すまで働いてもらう〟と言われました。それから毎日10

救出後、〈マイティ・ネパール〉の施設で話を聞かせてくれたカルパナ（当時17歳）。

人以上の客の相手をさせられました」

カルパナを襲った男たちは、売春宿の用心棒役を担うマフィアでした。彼女は、初恋の相手に売り飛ばされたのです。

1年後に救出されて

２０１７年3月、カルパナがインド・プネーの売春宿から、ＮＧＯと警察によって救出され、ネパールに戻《もど》って〈マイティ・ネパール〉に保護されたのは17歳のときでした。人身売買されてから1年近くが経っていました。

〈マイティ・ネパール〉で会ったカルパナは、色白で少しふくよかな、大人しそうな女の子でした。「ナマステ＊」と声をかけると、か細い声で「ナマステ」と返してくれました。

「友だちには言えないことも彼《かれ》には話せました。とてもやさしかったのです。いつか結婚しようと言ってくれました。その言葉を信じた私が悪いのです。汚《よご》れてしまった私は、もう結婚できないと思います」

＊ナマステ　インドやネパールで交わされるサンスクリット語のあいさつ言葉。おはよう、こんにちは、さようなら、ありがとうなど、あらゆる場面で使われる。

彼女の重ねた手の上に、後悔《こうかい》の涙がこぼれ落ちました。

その後、親元に帰ったカルパナでしたが、家族との折り合いが悪かったのか、間もなく家を出てしまったそうです。

あれから7年経ちましたが、カルパナの消息はわからないままです。

［ケース6］ラクシュミ（17歳）
一目惚《ひとめぼ》れした相手に売られた

ラクシュミ（27歳）が救出されたときの出で立ちは、写真に映る10年前の彼女と同一人物とはとても思えませんでした。太ももや胸元も露《あら》わなファッション、金茶に染めた髪、真っ赤に塗《ぬ》られた唇《くちびる》、左腕《うで》には毒々しいタトゥーが施《ほどこ》されていて、それは彼女の人生を物語るようでした。売春宿で過ごした10年の日々が、彼女をすっかり変えてしまったのです。

すべてのはじまりは17歳の夏の日でした。

人身売買され、10 年もの間、売春宿で働かされていたラクシュミ（当時 27 歳、一部加工）。

「お金持ちそうで、かっこいい人だなぁと思いました」

ラクシュミの家族は両親と兄、弟、妹の4人きょうだい。農作業の傍《かたわ》ら、お父さんがときどき、日雇い労働に出ていましたが、家族6人がやっと食べていけるぐらいの貧しい暮らしでした。カトマンズから車で1時間ほどの山間の小さな村でしたが、インドに通じる幹線道路沿いにあるため、昼夜を問わず大型トラックや長距離バスが行き交っていました。

兄は高校を卒業しましたが、ラクシュミは小学5年生で学校をやめ、家事や農作業を手伝っていました。あの日、お母さんから塩を買ってくるように言われて、村の食堂におつかいに出ました。そこは、トラックドライバーが立ち寄る店でしたが、食品類も扱っており住民たちもよく利用していました。

当日の出会いを、ラクシュミはこう話しました。

「そこであの人と出会ったのです。ディパックという若い男です。どんな言葉だったかは忘れてしまいましたが、声をかけてきてジュースを買ってくれました。それで少し話をしたのですが、お金持ちそうで、かっこいい人だなぁと思いました」

山間の貧しい村で育った女の子たちにとって、大型トラックの運転手は魅力的に映るようです。「大きくなったらトラックドライバーになりたい」と目を輝《かがや》かせる男の子も少なくありません。

大型トラックを自在に操り、食堂で肉や魚をつまみにウイスキーを呷《あお》っている姿は、食堂で食事をすること自体がぜいたくと思っている村人にしてみれば、たいそう羽振《はぶ》りがよく見えるのです。

ラクシュミは、ディパックにすっかり心を奪われてしまいました。彼が村に立ち寄りそうな日は、親の目を盗《ぬす》んで会いに出かけました。

「次に村に来る日はだいたいわかっていたので、その頃になると、彼のトラックが停まっていないか食堂のあたりを見に行きました。いっしょにごはんを食べて、いろんな話をしました。お土産だといって、カトマンズで買った洋服を持ってきてくれたこともありました」

駆《か》け落ちする理由

4回目に会ったとき、ディパックから結婚してインドで暮らそうと言われました。

「少し迷いましたが、ついていくことにしました。一度、家に帰って身の回りのものを持ち出し、その日のうちに彼のトラックでインドにむかったのです。反対されると思ったので、親には黙って出ていきました」

親が反対すると思った理由は、ラクシュミとディパックが異なる民族だったからです。ネパールは少数民族が混じって暮らす多民族国家で、インド社会と同様にカースト制度*が残っているのです（第3章参照）。

結婚も同じ民族、同じカーストでするのが理想とされています。こうした風習が根強く残っているため、親や親族に結婚を反対されて駆け落ちするカップルも少なくありません。

「親は心配するだろうと思いました。でも彼に、インドでの生活が落ち着

*カースト制度　ネパールでは1854年に定められた「ムルキー・アイン」によって、120を超えるジャート（民族とカースト）が大別して5つの身分階層に分けられている。インド・イラン語派のネパール語を母語とする民族が国民の約半数を占め支配的な民族とされる。前出のタマン族（スニタ）は第2階級に入れられている。ヒマラヤ登攀《とうはん》の案内人のシェルパは、シェルパ族（チベット系ネパール人）という同じく第2階級の少数民族（人口の0・5％）だが、民族とカーストと職業が一体になっている職業カーストの典型例。

いたら里帰りすればいい、いい生活をしていることがわかれば喜んでくれると言われてついていくことにしました」

それまで村を出たことがなかったラクシュミにとって、トラックの車窓から見える景色は新鮮《しんせん》でした。途中の茶店でコーラを飲み、スナックをつまんで休憩したとき、幸せの絶頂と言えるほどの幸福感に包まれたといいます。

国境を越えたら絶望が待っていた

ところがその幸せは、インドとの国境を越えた直後、絶望へと変わることになります。

「国境を越えたのは朝でした。その後、彼に民家に連れていかれて、しばらくここで休むように言われました。そこには、中年の女の人がいました。彼は知り合いの女性だから心配することはない、用事を済ませたらすぐに戻るといって出かけていったのです」

しかし、ディパックは夕方になっても帰ってきませんでした。不安にかられたラクシュミが、中年女性に尋ねると、「もう帰ってこないよ。あんたはあの男に売られたんだ！」と怖い顔をして怒鳴《どな》られました。なにが起こったのか、すぐには理解できませんでした。それでも、自分は置き去りにされたのだということだけはわかりました。

夜通し泣き続け、一睡《いっすい》もできないまま朝を迎えると、見知らぬ男がやってきました。そして中年女性になにかを耳打ちすると、ラクシュミの腕をつかんで、外に連れ出そうとしました。足を踏《ふ》ん張って抵抗しましたが、中年女性にたたかれ、強引にオートリクシャーに押しこめられました。その後、バスと列車を乗り継ぎ、着いた先はムンバイの売春宿でした。

建物の一室に閉じこめられたラクシュミは、恐怖に震えていました。そこに、３人の男が入ってきたのです。

「一目で悪い人たちだとわかりました。その人たちに私はレイプされたのです」

売春宿に売られた直後、売春宿の用心棒役を担うマフィアにレイプされたという話はよく耳にします。暴力を加えることで無力感を抱かせ、抵抗する気持ちを失わせることを狙《ねら》っているのです。事実、ラクシュミはもうここから逃げ出すことは不可能なのだと観念するしかなく、翌日から客の相手をさせられることになりました。

10年後、救出されたラクシュミがけばけばしいヘアメイクに胸元や太ももの露わなファッションで、左腕には毒々しいタトゥーを入れていたことを紹介しましたが、この10年の間に彼女が売春宿でどんな体験をしたのかは、後ほど紹介しましょう（94ページ参照）。

第2章 私と人身売買問題の出会い

〈マイティ・ネパール〉が運営するヌワコットの施設にて（1997年）。

小さな新聞記事から

売春宿に売られるネパールの少女たちへの取材をはじめてから2年目の1996年初冬、私はムンバイに滞在《たいざい》していました。売春宿街として世界的に有名なカマティプラ地区＊に潜入《せんにゅう》し、そこで働く少女たちに話を聞かせてもらいたいと考えていたのです。しかし、外国から来た女性ライターの取材を受けてくれるような店などありません。手づまり感を覚えていたある朝、現地の新聞の小さな記事が目にとまりました。

「カマティプラの売春宿摘発。ネパールの少女16名が本国へ送還される。半数以上がＨＩＶに感染」

記事の少女たちを見つければ、話を聞かせてもらえるかもしれない――。そう考えた私は、すぐにインドからネパールにむかいました。記事から得られた情報では、ネパールのアヌラダ・コイララさんという48歳の女性が、カトマンズ市内の自宅を開放して、売春宿から救出されたネパールの少女たち

＊カマティプラ地区　インドのムンバイ中心部にあるインド最古といわれる売春街。アジア最大級ともいわれる。

カマティプラ地区の売春宿前で客待ちをする女性たち（2012年）。

を保護しているとのことでした。この情報をもとにアヌラダさんにたどり着くのは簡単なことではなさそうでしたが、なんとしてでも探し当てるつもりでした。

少女たちを保護する女性を探して

ムンバイから列車とバスを乗り継いでネパールに入り、カトマンズに到着するまでに３日かかりました。さっそくアヌラダさんの居所を探しはじめましたが、住所も電話番号もわかりません。まずはイエローページ＊で社会福祉に取り組むＮＧＯに、一つひとつ電話をかけることからはじめました。

「そちらの主宰者《しゅさい》は、アヌラダ・コイララさんという方ですか？」

泊《と》まっていた小さなゲストハウスに１台しかない電話機を独占《どくせん》し、同じ質問をくり返しました。当時、ネパールのＮＧＯは２万ほどあるといわれていて、電話をかけ続ければ、いつか行き当たるだろうと思っていました。ところが、１週間費やしても収穫はありませんでした。

＊イエローページ　会社や店の電話番号が業種別に掲載された電話帳。もともと黄色い紙に印刷されていたため、このよび方がされる。

ほとんど外出することもなく、ひたすら電話をかけ続ける私を見かねたのでしょう。ゲストハウスのオーナーの弟が力を貸してくれることになりました。以前、女性問題を扱うNGOでのボランティア経験があるとのことで、心当たりの団体をいっしょに回ってくれるというのです。

バイクのうしろに私を乗せ、あちこちを訪ねてくれました。そして3日後、ようやくアヌラダさんを知る人物にたどり着いたのです。ABCネパール＊というNGOの副代表を務める女性でした。アヌラダさんはかつてこの団体でボランティアをしており、以来、懇意《こんい》にしているといいます。さっそく電話で連絡《れんらく》をとり、アヌラダさんとの橋渡しをしてくれました。

翌日、アヌラダさんのもとを訪ねました。彼女が代表を務める〈マイティ・ネパール〉というNGOのオフィスです。といっても、スタッフに促《うなが》されて通されたのは、自宅に設けた一室に、デスクと椅子《いす》を置いただけの簡素なスペースでした。

しばらく待っていると、アヌラダさんが入ってきました。目尻《めじり》に深いしわを折りこんだ顔は、48歳という実年齢よりずっと老けて見えました。小柄《こがら》な

＊ABCネパール　Agroforestry（森林農法）、Basic Health（基礎保健）、and Cooperative（協同組合）ネパール。1987年設立。1991年少女たちの人身売買問題をネパール政府に提起した。女性の権利擁護《ようご》と人身売買の反対をうたい関連する法や制度の整備を実現させている。

彼女の目線は私のあごのあたりにありましたから、腰《こし》を落とし、自己紹介をしました。

「ナマスカール＊。日本から来たライターのマリコといいます。あなたのことをムンバイの新聞で知りました。どうしてもお会いしたくてやってきました」

私は、会いに来た理由を話し、カマティプラの売春宿から救出された少女たちに話を聞かせてほしいと申し出ました。すると、その真剣さが届いたのか、アヌラダさんはネパールの人身売買の現状について話しはじめました。

「ネパールの人身売買は、あっせん役のピンプが貧しい村を訪れ、いい仕事を紹介すると声をかけるところからはじまります。カトマンズのカーペット工場や金持ちの家でのメイドの仕事などです。畑仕事や家畜《かちく》のえさ採り、水くみなどのために山道をひとりで歩いている少女に声をかけるのが手口です。インドの映画女優のブロマイドを見せ、〝仕事をするようになれば、こういう美しい服が着られるよ〟と夢を抱かせるのです。

貧困家庭の娘《むすめ》は重要な働き手で、幼いころから家事の手伝いや弟妹の世話、

＊ナマスカール　ナマステと同様のあいさつ言葉。自分より目上や年配者に対して使う。作法として、合掌《がっしょう》しながら会釈《えしゃく》を行う。

畑仕事をさせられ、小学校にさえ行かせてもらえません。疑うことを知らない純朴な少女たちはピンプの甘い言葉に唆《そそのか》され、ついていってしまうのです。村の大人たちも世間を知りません。娘がいなくなっても神隠しにあったとあきらめるか、誘拐《ゆうかい》されたとわかっても警察に届ける知恵《ちえ》もないのです」

1997年当時のネパールの識字率は、わずか26・5%でした。しかも、この数字はカトマンズなどの都市部に暮らす人びとを含めたもので、農村部になると識字率1%と、極端《きょくたん》に教育水準の低い村もありました。こうした地域の人びとは新聞や雑誌も読めず、電気が通っていない村ではテレビも見られません。情報源はラジオだけですが、高価な乾《かん》電池を節約するためたまに聴《き》く程度で、人身売買に関する情報を入手する方法はほとんどないのです。

紅茶1杯の値段で売られる少女たち

「連れ去られた少女たちは、ブローカーに2000～6000ルピー（当時のレートで約4000～1万2000円＊）で引き渡されます。そしてブ

＊1ルピーあたり2円で換算。

ローカーは、３万〜６万インドルピー（約７万８０００〜15万６０００円）で、インドの売春宿に売りさばくのです。ブローカーは売春宿に売るまでの経費を負担しますが、少女を買った値段の10倍以上で売りつけているのです。

客が彼女たちのサービスに払う金額は、たったの数十ルピーです。数十ルピーというのは中級クラスの店の紅茶１杯《ぱい》の値段です。毎日10人も客をとらされるのに、彼女たちは１ルピーももらえません。すべて売春宿側が取り上げてしまうのです。数枚の衣類と粗末な食事を与えられるだけで、３６５日、夜中でも客が来れば相手をさせられます。体調が悪くても休むことは許されません」

１時間ほど話を聞かせてもらった後、インドから救出されネパールにもどってきた少女たちが暮らすドミトリー（宿泊施設）を案内してもらいました。

部屋に入ると、簡素な木製ベッドの上に座る10人の少女が一斉《いっせい》に視線をむけました。日本人を見るのは初めてらしく、怪訝《けげん》な顔をしています。それでも私が両手を合わせ、「ナマステ」とあいさつすると、同じように返してくれました。

初めて〈マイティ・ネパール〉を訪れたときに同行した人身売買の実態を知らせるアウエアネス・キャンペーン（１６５ページ参照）。

「この娘たちは、2週間前にムンバイから帰ってきたばかりです。何年も働かされてきたのに、自分の国に帰ってくるときに持っていたのは、櫛《くし》とハンカチが入ったビニール袋《ぶくろ》。そして、HIV*や結核《けっかく》*、B型肝炎《かんえん》*などの病気だけです。ここにいる女の子たちはなんらかの病気にかかっています。奥のベッドに並んで座る2人は、AIDS*を発症《はっしょう》しています」

差別と偏見

私が〈マイティ・ネパール〉を初めて訪問した1997年当時、HIV感染者に対する差別・偏見《へんけん》は非常に根強く、「HIVは〝身体をさわる行為〟によって感染する」病気であると勘《かん》ちがいされ、医療に従事する人たちの間であっても、正しい知識が浸透《しんとう》していませんでした。〈マイティ・ネパール〉のスタッフが彼女たちを外部の病院に連れていき、診療《しんりょう》を求めたのですが、HIV感染がわかった途端《とたん》、ばい菌《きん》のように扱いそそくさと逃げ出す医師や看護師もいたそうです。入院することになった女性は、ベッドに〝HIV〟

*HIV　29ページ参照。

*結核　結核菌という細菌で広がる感染症。発病すると、ひどいケースでは死に至る。

*B型肝炎　B型肝炎ウイルスというウイルスで広がる感染症。体内のウイルスが肝炎を起こしたり、長期間ウイルスが肝臓にとどまることによって肝硬変や肝臓がんが起こる。母子感染することもある。

*AIDS　HIVに感染したことにより免疫が低下し、合併症として指標とされる23の疾患のいずれかを発症した状態。後天性免疫不全症候群、エイズ。

と書いた紙を貼られ、ほとんど放っておかれていたとのことでした。

約３００万人もの人がＨＩＶに感染しているといわれていましたが、ほとんど感染対策がとられておらず、感染者数は右肩上がりの状況でした。

主たる感染経路として挙げられていたのが売春宿です。なかでもムンバイの売春街はもっとも危険視されていました。このエリアの20万人ともいわれるセックスワーカー（性産業従事者）のうち、５万５０００人にものぼる感染者が存在するといわれていたのです。

「ＡＩＤＳを発症している2人は、もう長くはないだろうといわれています。ネパールの医療ではどうすることもできないのです」

アヌラダさんの言葉に、胸が締めつけられるようでした。

突然、娘が姿を消す村

アヌラダさんの計らいで、〈マイティ・ネパール〉のスタッフに同行してもらい、ヌワコット＊を取材する機会に恵《めぐ》まれました。カトマンズから75キ

〈マイティ・ネパール〉のＨＩＶ／ＡＩＤＳへの取り組みを賞する賞状を手にするスタッフたち。左端がアヌラダさん。

＊ヌワコット　丘陵地帯が続く歴史ある田舎町。２０１５年のネパール大地震ではとくに大きな被害があった。

ロの山間部に位置する農村地域で、人身売買犯罪の多発エリアとのことです。今では道路が通っていて車で乗り入れることができますが、当時は険しい山道を7時間かけて歩かなくてはなりませんでした。

山道を登って下り、それを何度かくり返し、やっと村に到着しました。集落から集落を訪れましたが、驚いたのは、行く先々で「ある日突然《とつぜん》、娘がいなくなった」と訴《うった》える人がいたことです。そこが人身売買の多発エリアであることをまざまざと思い知らされました。

村の中心に、〈マイティ・ネパール〉が運営する写真のような全寮制の教育施設がありました。ここで読み書きや簡単な計算を教え、職業訓練を行っていました。

案内してくれたスタッフによれば、〈マイティ・ネパール〉は年に10回くらい、ヘタウダ、ヌワコット、ナワルパラシーなどの農村部を回り、人身売買の実態を知らせるキャンペーンを続けているとのことでした。その効果が表れ、少しずつ人身売買の実情を知る人が増えているものの、まだまだ多くの少女が被害に巻きこまれているとのことでした。

〈マイティ・ネパール〉のヌワコットの施設にて。

〈ラリグラス・ジャパン〉の立ち上げ

アヌラダさんへの取材や紹介された〈マイティ・ネパール〉の施設の一連の取材を終えて日本に帰国する日を迎えました。〈マイティ・ネパール〉を訪れた私に、女の子たちがあいさつに来てくれました。

「もう帰ってしまうのですか？」

「今度はいつ来てくれるのですか？」

「きっとまた来てください」

私は一人ひとりを抱きしめながら、

「きっとまた来るね。それまで元気でいてね」

と声をかけました。

帰国した私は、人身売買をテーマに雑誌の記事を書きました。そのなかで募金《ぼきん》のよびかけを行ったことで、二十数万円の支援《しえん》金が集まりました。同時進行でもう一つやらなければならないことがありました。アヌラダさんから、〈マイティ・ネパール〉の日本支部を立ち上げ、継続《けいぞく》的に支援してほしいと頼まれていたのです。

しかし、駆け出しのライターだった私にボランティアをする余力はなく、NGOを立ち上げる自信もありませんでした。それでも、〈マイティ・ネパール〉が深刻な資金難にあることを知っていたため、無視を決めこむことはできません。

そこで、ネパールを支援している日本のNGOを当たってみることにしました。〈マイティ・ネパール〉を支援対象の一つとして加えてもらうことはできないかと考えたのです。ですがどの団体からもいい返事はもらえませんでした。すでに行っている活動で手一杯であるうえに、資金的な余裕《よゆう》もないとのことでした。

こうなったら自分でやるしかありません。そう思った私は、1997年に〈ラリグラス・ジャパン＊〉というボランティア団体を立ちあげたのです。支援活動に携《たずさ》われば、この先も〈マイティ・ネパール〉の女の子たちと関わり

＊ラリグラス・ジャパン　ラリグラスは、ネパールの国の花である大きな赤、ピンクの花が咲《さ》くシャクナゲ。

合える、私は彼女たちの存在に強く惹《ひ》かれていたのだと思います。

現地調査とスタディーツアー

〈ラリグラス・ジャパン〉の活動でまず必要なことは、現地の状況をもっと知ること、女の子たちのことを理解することだと思いました。そこで毎年4月と8月にスタディーツアー＊を計画しました。日本全国から参加者を募《つの》り、現地の視察やフィールドワーク、交流プログラムを通して、ネパールの実情を学びながらボランティア活動を行う約２週間のツアーです。期間中は現地調査と〈マイティ・ネパール〉との活動の打ち合わせも兼《か》ねています。

スタディーツアーは２０２３年に通算40回目を開催し、のべ３０４人、高校生から社会人までさまざまな人たちが参加してきました。

＊スタディーツアー　２００８年までは、4月と8月の年2回実施《じっし》。２００９年から8月のみ実施し、4月は現地調査と〈マイティ・ネパール〉との活動の打ち合わせを行っている。スタディーツアーは、日本国内の若者に対する啓発《けいはつ》活動に加えて、現地で実践《じっせん》的な支援活動を行うことを目的としている。

〈マイティ・ネパール〉が行う人身売買被害者の保護活動

〈マイティ・ネパール〉が１９９３年の設立当初から力を入れていたのは、インドの売春宿から救出されてきた人身売買被害者の保護活動でした。不衛生な売春宿で働かされていた少女たちの多くが、結核やウイルス性肝炎、ＨＩＶ／ＡＩＤＳといった感染性の病気に罹患《りかん》しています。長期にわたる軟禁《なんきん》生活によって、心の病気になるケースも見られました。そうした少女に対し、健康診断《しんだん》とカウンセリングを行い、必要に応じて医療ケアを行うのです。そして心と身体が落ち着いてきたところで、教育の機会＊を提供します。

一度も学校に通ったことがなく自分の名前さえ書けない女の子には、読み書きや簡単な計算を教えます。学齢期の子どもには、敷地内に併設《へいせつ》する学校で、公教育に準じた教育を行います。17歳や18歳など、すでに学齢期を過ぎている場合は、縫製技術や機織り技術、伝統のアクセサリー作りなどの手仕事の指導を行っていました。施設を出たとき、自立の道を切り開くため

＊教育の機会　テレサ・アカデミーというマザー・テレサの名を冠《かん》した学校を運営している。くわしくは１５０ページ参照。マザー・テレサは、貧困や病に苦しむ人々の救済に生涯《しょうがい》をささげ、ノーベル平和賞を受賞。貧困と疫病《えきびょう》がまん延しているコルカタ（旧カルカッタ）で学校や孤児院《こじいん》、介護《かいご》ホスピス「死を待つ人の家」を開設。その遺志を引き継いで活動する聖職者は世界中にいる。〈マイティ・ネパール〉代表のアヌラダさんはマザー・テレサの施設でボランティア活動を経験している。

です。

〈マイティ・ネパール〉の活動は年々その幅《はば》を広げ、女性たちの社会復帰に対し、協力を申し出る地元の企業が現れるようになりました。観光立国であるネパールの首都カトマンズには、アンナプルナ・ホテルをはじめとする高級ホテルがたくさんあります。アンナプルナは８０００メール級の峰々《みねみね》が連なるヒマラヤ山脈の主峰《しゅほう》で、「豊穣《ほうじょう》の女神」といわれ、世界中から旅行者が訪れます。

こうしたホテルがベッドメイキングや部屋の清掃《せいそう》を担うハウスキーパーのトレーニングを請《う》け負ってくれることになりました。さらに、ヘアケアやフェイスマッサージなどの美容技術、商業ビルの清掃、レストランのウエイトレスといったトレーニングも行われるようになり、本人の能力とやる気が認められれば、そのまま就職することができます。

生きる術《すべ》を奪《うば》われた女の子たちが社会復帰するには、食べる物、着る物、医療費、教育費、訓練費などが必要です。国や自治体、社会の支援がなければ、とても個人のボランティアでは活動は広がらないのです。

〈マイティ・ネパール〉本部の保護施設で職業訓練としてアクセサリー作りを行う女性たち。

◆〈マイティ・ネパール〉本部の見取り図

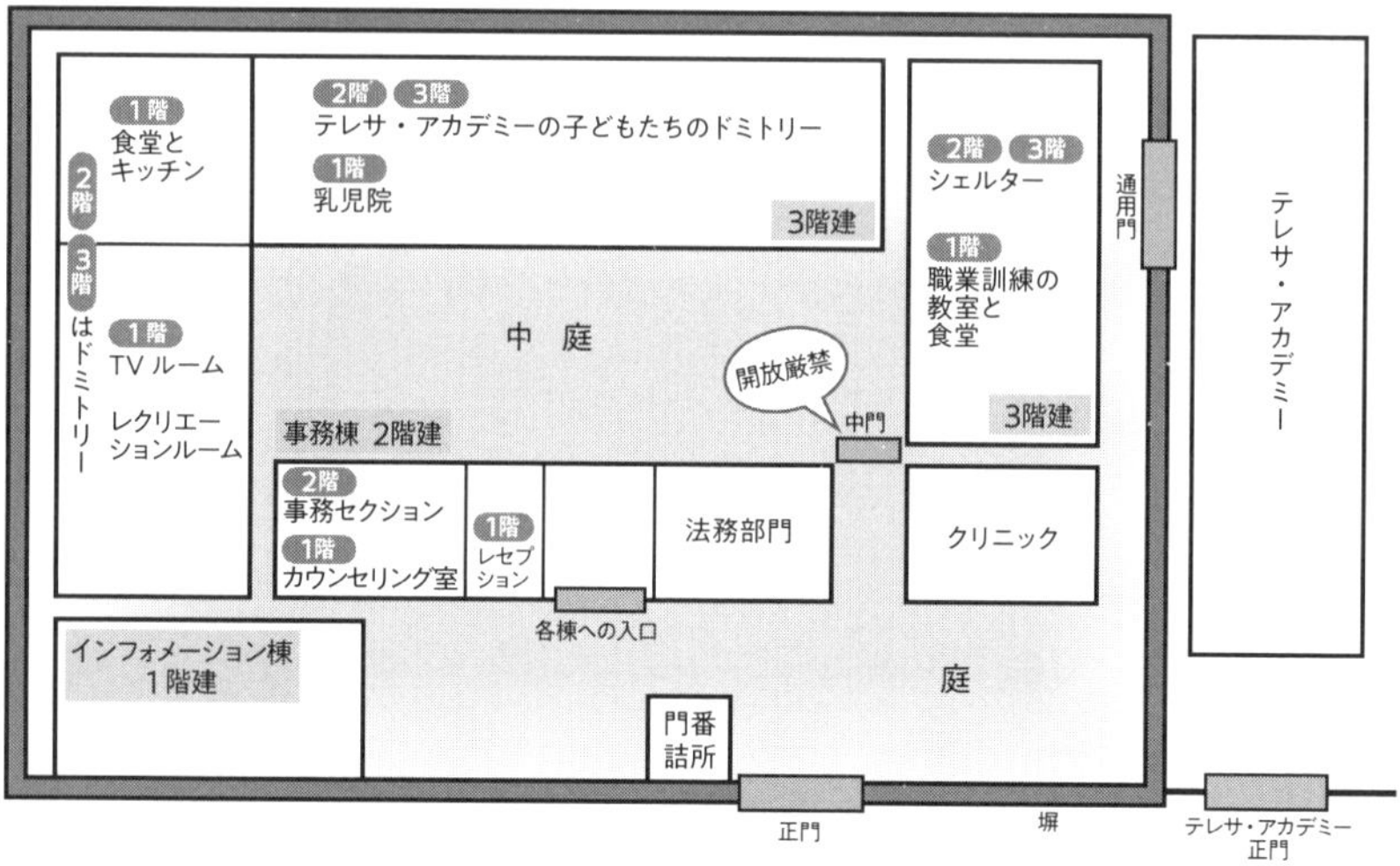

〈マイティ・ネパール〉の活動内容

◎救出

◎一時保護（16 カ所で運営）

◎プリベンションキャンプ
（4～6カ月間の居住訓練プログラム）

●職業訓練

●教育
・読み書き
・被害にあわないためのレッスン
・権利教育 など

カトマンズにある〈マイティ・ネパール〉本部（2023 年）。

【マイティ・ネパール本部】

●メンタルケア
・心理カウンセリング
・自尊心を育むプログラム など

●自立支援
・裁縫
・仕立て
・手織り
・バッグ・小物・アクセサリー作り
・小規模経営のノウハウ

●医療ケア
・基礎保健
・HIV / AIDS プログラム
・ホスピス（終末期医療）

●職業訓練　●教育（テレサ・アカデミー）

●リハビリテーション　●法的支援

●情報発信　●啓発

プリベンション・キャンプの活動

〈マイティ・ネパール〉が人身売買の被害者の社会復帰を後押《お》しする活動と並行して力を入れているのが、犯罪予防を目的としたプリベンション・キャンプ*です。女の子たちが犯罪にあわないように必要な知識を教えることを目的に設置しています。

プリベンション・キャンプの活動を紹介しましょう。下の地図を見てください。キャンプは、ヌワコット、ヘタウダ、イタハリの3カ所にあります。それぞれの施設によって特徴《とくちょう》がありますが、共通するのは地元の貧しい家庭の女の子を集めて前期と後期の2つに分け、基礎《きそ》教育や職業訓練を行っている点です。全寮制の施設で、20人が定員、費用は無料です。

*プリベンション・キャンプ　プリベンションには予防、キャンプには野営や宿営あるいは合宿（所）という意味がある。

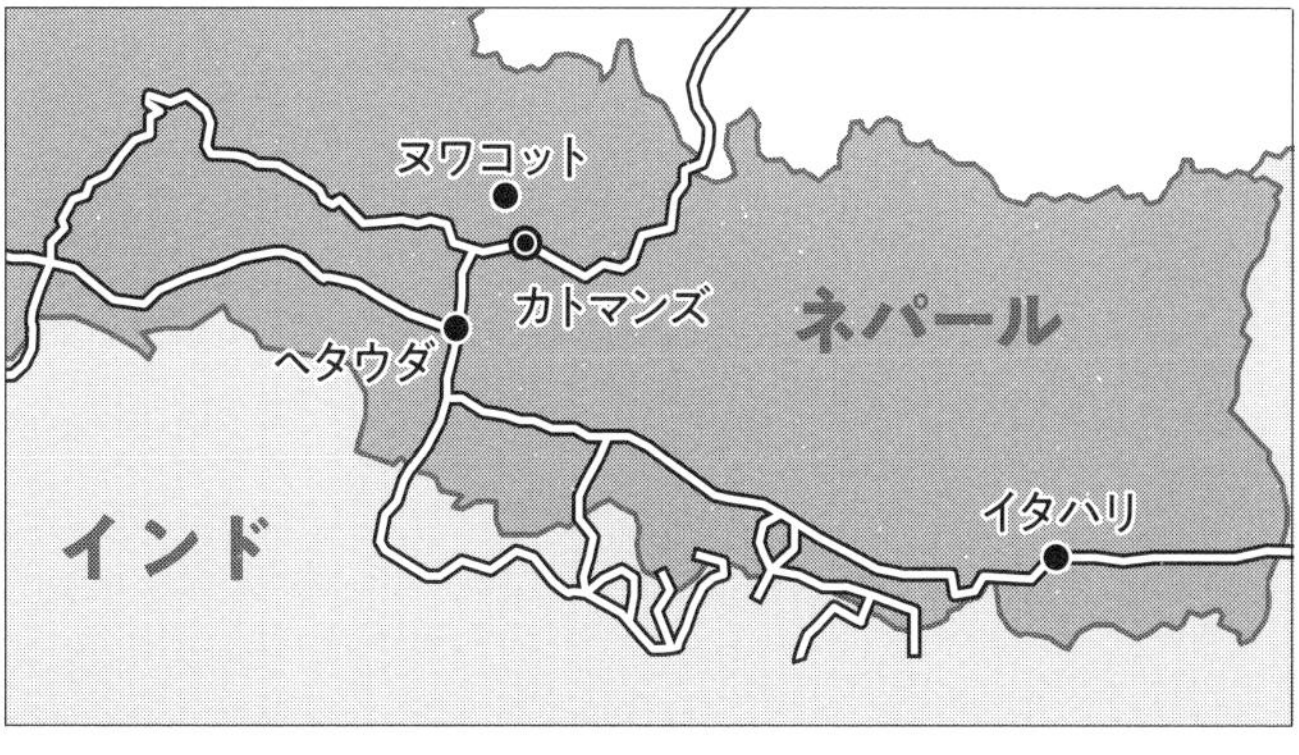

〈マイティ・ネパール〉のプリベンション・キャンプのあるところ。

上下ともイタハリにある〈マイティ・ネパール〉のプリベンション・キャンプにて（2016年）。
下は基礎教育の授業の様子。

ヘタウダが供給地になったわけ

〈ラリグラス・ジャパン〉は、ヘタウダのキャンプを経済支援しています。

ヘタウダは、カトマンズから１３２キロ、中部ネパールに位置しており、国内有数の工業地帯として栄える街です。街中には東西に走るマヘンドラ・ハイウェイと、カトマンズに通じるトリブバン・ハイウェイが交差していて、インドからの物資輸送の要とされる地でもあります。実は、こうした交通の利便性が、人身売買犯罪に一役買っているのです。

ハイウェイ沿いの山間部には、インドの売春宿でもっとも人気が高いとされるタマン族の村が点在しています。タマン族は日本人と同じモンゴロイド系の民族で、丸みを帯びた顔と小柄な体格は実年齢より幼く見えます。また、インド人と比べて肌が白いのも特徴で、こうした容姿が客の人気を集めるのです。日常的に山道を上り下りするため足腰が丈夫《じょうぶ》な点や、従順で扱いやすい性質も人気の理由です。

〈マイティ・ネパール〉がヘタウダに開設しているプリベンション・キャンプ。

ピンプは、そんなタマン族の集落に入りこんで少女を連れ出し、ハイウェイを使って一気にインドへと輸送するのです。

〈マイティ・ネパール〉は、古くから人身売買犯罪の多発地帯とされていたヘタウダには、早い時期からプリベンション・キャンプを開設し、人身売買犯罪の予防に努めてきました。

家に帰れないさまざまな事情

インドの売春宿から救出された人身売買の被害者にリハビリテーション・プログラムを施し、社会復帰の目途《めど》が立ったところで、故郷に帰すところまでが〈マイティ・ネパール〉の仕事です。迎え入れてくれる家族がいれば、故郷で新生活を再開させることが最善の道と考えるからです。

しかし、家に帰ることができない女の子は少なくありません。インドで働かされている間に家族が他の土地へ引っ越してしまい、居所がつかめないケースや、両親が死亡してしまった家庭、連れ去られたとき、あまりにも幼す

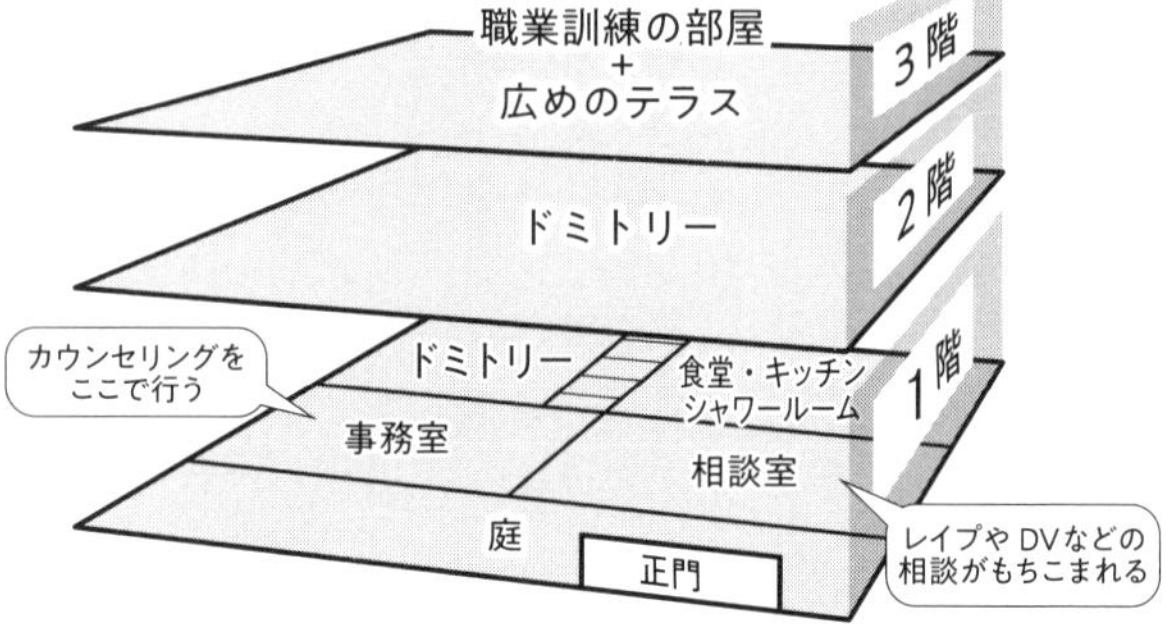

ヘタウダのプリベンション・キャンプの見取り図。

ぎて、実家の住所を覚えていないケースなどさまざまです。

なかでも残酷《ざんこく》なのは家族が受け入れを拒絶《きょぜつ》するケースです。「長年、姿の見えなかった娘が帰ってきたらどう思われることか。売春宿で働いていたことが知られれば白い目で見られることになる」そういって帰還《きかん》を拒《こば》むのです。

ＨＩＶ感染者が家族のもとに帰るのは非常に困難です。農村部ではいまだにＨＩＶ／ＡＩＤＳへの理解が進んでおらず、同じ空気を吸っただけで感染すると信じる人もいるほどです。そんなところへＨＩＶに感染した家族の存在が知れれば村八分になりかねません。一生医療ケアを受け続けなくてはならず、貧しい家に頼ることはできないのです。

ホスピスで暮らすHIV感染者

結核やウイルス性肝炎、ＨＩＶ／ＡＩＤＳといった感染性の病気に罹患してしまった少女たちのために、〈マイティ・ネパール〉は１９９７年、ネパール東部のジャパ郡サッチガッタにホスピス＊を開設しました。場所はタラ

サッチガッタにある〈マイティ・ネパール〉のホスピスでおだやかな時間をすごす女性たち。

＊ホスピス　治療の手がなく、死にむかっていく終末期の患者ができる限り苦痛なく穏やかな最期をすごすためのケア施設。

イ平野の東端《とうたん》、インドとの国境の街から車で20分ほどのところにある小さな集落の一角です。居住棟《とう》には６部屋があり、最大60人が入所することができます。米や野菜を作って自給自足の生活ができるよう、周辺に土地８・１５エーカー（約３万３０００平米＝１万坪《つぼ》）を購入《こうにゅう》しました。

ＨＩＶに感染していても、病状が安定していれば日常生活に支障はありません。畑仕事で適度に身体を動かし、収穫の喜びを味わい、新鮮な食物を口にする。健康を保つ上でも有効であると考えたからでした。

サッチガッタは自然豊かで冬季も温かく、のんびり暮らすには適した地でした。しかし、都市部に比べて医療レベルがかなり低く、女性たちに十分な医療ケアが提供できませんでした。そこで２００６年、ホスピスはカトマンズの中心部から15キロに位置するゴカルナという地に移転します。サッチガッタほどではありませんが、野菜を育てるだけの敷地面積があり、居住棟の設備も格段によくなりました。徒歩圏《けん》内に私立医科大学の附属《ふぞく》病院があることも大きなメリットです。

移転しゴカルナにできた〈マイティ・ネパール〉の新しいホスピス施設。

第3章

ネパールという国・人身売買の歴史

ヒマラヤのトレッキングコースとして人気のトゥクラからロブチェ間の絶景。
Shie0924、AC フォトより

ヒマラヤの山々に抱かれし国

さて、ネパール・インドでの人身売買の実態を報告する前に、ネパールという国について、ごく簡単に紹介しておきたいと思います。

5ページの地図を見てください。ネパールは日本の本州と同じくらいの国土（14万7200平方キロ）に約3000万人の人が住んでいます。東、西、南の三方はインドに、北は中国に接する細長い内陸国です。一番知られているのはエベレスト（チョモランマ）を筆頭とするヒマラヤ山脈があり、紀元前6世紀頃、釈迦《しゃか》が生誕した土地*ということでしょう。

首都のカトマンズは、ヒマラヤの麓《ふもと》にある盆地の都市で、農業が主な産業です。ヒマラヤ観光などの観光業も国家財政を支えていますが、アジアの最貧国のひとつとされています。

中国からインド、ヨーロッパにつながる大陸のルートにあり、長い歳月の間にさまざまな民族とカースト（ジャート）*が集まり、いろいろな言語*

＊釈迦の生誕地　紀元前600年ごろ、ネパール南部のタライ平原ルンビニで生まれたとされている。ルンビニは、仏教徒にとっての聖地。

ルンビニをはじめ、ネパール国内には4件の世界遺産が登録されている。手前の池で生誕した釈迦が産湯につかったといわれる。奥に見えるのはマヤデビ寺院（2016年）。lamnetra, Wikimedia commons より

が混在しています。仏教の開祖である釈迦の生誕地ですが、宗教はヒンドゥー教徒（81・３％）、仏教徒（９・０％）、イスラム教徒（４・４％）、その他さまざまなアニミズム＊などが混在しています。

ネパール国民の80％が信じるヒンドゥー教では、婚前《こんぜん》の性的関係を固く禁じているため、人身売買された女の子の人生から多くのものを奪い去ってしまいます。

王家に献上された少女たち

少女を性的な商品として売買するような非道な犯罪は、いつ頃から行われてきたのでしょうか。その歴史を紐《ひも》解いてみたいと思います。

ネパールの少女がインドに売られていくようになったのは、１９５０年、ラナ時代＊が終わった直後からだといわれています。ネパール王室では１８４６年、宮廷《きゅうてい》内で虐殺《ぎゃくさつ》事件が起こり、この事件をきっかけに王家はインドに亡命し、軍人だったジャンガ・バハドゥル・ラナ＊という人物が王妃《おうひ》の命を

＊ジャート　ネパールではさまざまな民族とカーストをまとめて「ジャート」とよび、２０１１年の国勢調査によると１２５のジャートがある。すべてのジャートは19世紀に定められた法によって5段階に階層化され、インド・イラン語派のネパール語を母語とする民族が国民の約半数を占め支配的な民族とされる。

＊いろいろな言語　ネパールで10万人以上が母語として使う言語は19あり、そのうち公用語はネパール語で国民の約半数が母語とし、8割ほどは理解するとされる。少数言語を含めると１２３の言語があり、公的機関などでは英語が使われる。

＊アニミズム　生物、木や石など、山河などすべての物のなかに霊魂《れいこん》が宿っているという思想や信仰。

＊ラナ時代　１８４６年、ジャンガ・バハドゥル・ラナが王国の実権をにぎり、以降１９５０年まで１００年余り、12代にわたってラナ家による独裁政治が続いた。

受けて宰相《さいしょう》となります。宰相は世襲《せしゅう》され、自らを王とよんだラナ家に支配されます。

ラナ家の王族たちは、家臣の出身地から少女を連れてくるよう命じました。王室の使用人として仕えさせるためでしたが、好みの少女がいると、王女や側室にしました。一族からその地位に就いた歴代の首相や王子たちは、10人以上の王女や何百人もの側室を持つことができたのです。家臣たちは次々と少女を上納し、褒美《ほうび》をもらいました。それが家臣たちのサイドビジネスとなりました。

栄華《えいが》を誇《ほこ》ったラナ家も1951年に終焉《しゅうえん》*を迎えます。一族に仕えていた家臣らは職を失うことになりました。生活に困った彼らは、手っ取り早く稼《かせ》ぐ手段として、それまで自分の村から連れてきていた少女たちを、インドの売春街に供給するようになったのです。王族に仕えた家臣の多くがシンドパルチョークとヌワコットの出身だったため、この地域に暮らすタマン族の娘が人身売買のターゲットにされました。

ネパールの女の子が初めてインドに売られたのは、1951年のことでし

*ジャンガ・バハドゥル・ラナ　30歳で宰相の座に就きネパールの近代化を進め1854年に大法典「ムルキー・アイン」を発布した。「ムルキー・アイン」には現代まで残るカーストの規定もある。

ラナ家の家祖ジャンガ・バハドゥル・ラナ（1816～1877年）。Wikimedia commonsより

*ラナ家の終焉　1951年、トリブバン国王が亡命先のインドより帰国、王位に就く。立憲君主制を宣言。

た。ヌワコット出身の10代前半のバンケ・アミニという少女で、インド北部のウッタルプラデーシュ州バハライツという街に売られたのです。しかし、当時は取り沙汰《ざた》されることもなく、事件は闇《やみ》に葬《ほうむ》られてしまいました。

人身売買が事件として、初めて法廷《ほうてい》で裁かれたのは、バンケ・アミニから10年後の1961年のことで、シンドパルチョーク出身のシマラ・タマンという少女が、インドの大都市ムンバイ（旧ボンベイ）に売られた事件でした。

2件目の裁判は、1970年、ヌワコット出身のドゥルガ・クマリなど3名が、ムンバイの売春宿に売られた事件でした。

この2件の裁判によって、シンドパルチョークとヌワコットが、人身売買の盛んな地域であることが知られるようになりますが、情報は一部の警察と司法関係者だけにとどまり、一般のネパール人は人身売買という言葉さえ耳にすることはありませんでした。身に迫《せま》る危険を察知することもできないまま、年々被害者が増えていくことになったのです。

6代目のビル・シャムシャーの父ディール・シャムシャーと17人の息子。Wikimedia commonsより

インドに女の子が売られる理由

インドへの人身売買が行われはじめた当初から、ネパールの女の子は売春宿でひっぱりダコでした。今では、インドのセックスワーカーの30～35％をネパール女性が占めるといわれています。

ネパールの女の子が好まれる理由は3つあります。

1つ目は容姿です。

インドの人は、肌の色にことのほかこだわります。女性はもちろんのこと、男性でも肌の色が縁談《えんだん》にも影響《えいきょう》するほど重要視されています。背景には、インドのカースト制度＊があると考えられています。カースト制度はヒンドゥー教が生み出した身分制度ですが、身分階層と肌の色が結びつけられています。ヴァルナという言葉は、サンスクリット語で「色」の意味ですが、バラモン（聖職者）、クシャトリヤ（王族・武人）、ヴァイシャ（平民）、シュードラ（隷族民）の4つの身分階層（種姓《しゅせい》）を表す言葉でもあり、肌の色と身

＊インドのカースト制度　ヒンドゥー教が生み出した身分制度。バラモン、クシャトリヤ、ヴァイシャ、シュードラの4つの身分を元に、職業と結びついて身分は細分化され、親の身分が子へと引き継がれていく。

層が関係づけられているのです。ヒンドゥー教では白い色が高貴な色とされ、これがインド人の「色白好き」につながっています。インド人に比べて肌の色が薄《うす》いネパールの女の子は売春宿でも人気が高いのです。

２つ目は、少女たちの従順な性格にあります。

山間の小さな村で生まれ育った女の子たちは、外の世界をほとんど知りません。学校に通うこともなく、親の言いつけを守って過ごす毎日は、おとなしく純朴な性格を育みます。こうした性格は命令に従わせやすく、店や客にとって非常に都合がいいのです。

３つ目は、身体が丈夫である点です。

ネパールの女の子たちは、売春宿で〝山の人〟といわれています。いつも険しい山道を上り下りしているため、自ずと足腰が丈夫になります。粗食《そしょく》にも慣れているため、栄養状態が悪くても、病気にかかりにくいともいわれています。つまり、酷使に耐《た》えうる身体であることで重宝がられているのです。

ネパールの少女たちが、売春宿に売られる際、高値をつけられるのは10代前半の女の子ですが、その理由にも、宗教的背景があるとされています。

インド国民の約80％がヒンドゥー教徒といわれています。くり返しになりますがヒンドゥー教では処女性が重んじられ、婚前交渉《こうしょう》をもった女性は不品行であるとみなされます。そうした女性は良縁《りょうえん》に恵まれにくくなり、年の離れた男性の後妻の話があればいい方で、生涯、縁談が持ちこまれなくなることもあるほどです。こうした処女性へのこだわりは、売春街でも見られ、処女の雰囲気《ふんいき》を感じさせる10代前半の少女が好まれるのです。

ＳＮＳと犯罪の親和性

70年以上にわたって行われてきたネパールからインドへの人身売買の暗く長い歴史に、最近、ある変化が見られるようになりました。衣食住に困ることもなく、教育の機会にも恵まれたごく普通《ふつう》の女子中高生が、ＳＮＳを介して人身売買に巻きこまれるようになってきたのです。

ネパールは、アジア最貧国のひとつとされています。そのような国の中高生が、日常的にＳＮＳを利用できる環境にあることを不思議に思うかもしれません。確かに一昔前のネパールでは、インターネット回線どころか、高額な初期費用を必要とする固定電話さえ持てない家庭もめずらしくありませんでした。そうした人びとのために、街や村のあちこちに貸し電話屋があったものですが、最近、その数は激減しています。ＳＩＭ形式の携帯《けいたい》電話やスマートフォン（スマホ）が爆発《ばくはつ》的に普及《ふきゅう》したからです。

十数年前は、携帯電話は経済力のある人に限られた高級品でしたが、中国製やインド製の格安携帯が出回りはじめ、庶民《しょみん》にも手が届くようになりました。もっとも安価なものであれば、日本円で本体価格１０００円くらい。ＳＩＭカードは１００円から購入でき、50円から追加チャージが可能です。スマホも本体価格５０００〜６０００円。インターネット専用であれば20円からチャージできます。

スマホを持っていなくても、インターネットへのアクセスに不自由することはありません。貸し電話屋から商売替《が》えしたサイバーカフェが、１時間50円で利用できるからです。

ネパールの物価の目安でいうと、庶民的な店でお茶を飲むと１杯10円くら

ネパールでも急速にスマホが普及している（カトマンズ市内、２０１７年）。RViana.Flickrより

い。雰囲気のいいカフェでも25円ほどです。バス代でいえば、カトマンズ市に隣接《りんせつ》するパタン市までが25円ですから、追加チャージ代やサイバーカフェ代は、一般的な家庭の中高生なら、おこづかいからでも出せる金額なのです。こうした手軽さから、ネパールではこの10年ほどの間に、ＳＮＳの利用者が急増しました。

その結果、フェイスブックを介して知り合い、初恋の相手に売り飛ばされたカルパナ（46ページ参照）のように、新しい犯罪の手段として使われるようになったのです。

無防備なネパールの少女たち

２０２３年10月、フェイスブックの利用者数は、世界中で30億人に達しました。手軽に交友の輪を広げられる点が魅力とされ、利用者数は増加の一途《いっと》をたどっています。その一方で、ストーカー被害などのトラブルも報告されています。

それでも多くの人は、犯罪に巻きこまれることなく、便利なツールとして活用しています。ネット上で知り合って間もない相手から「会いたい」と誘《さそ》われても、警戒心《けいかいしん》が先に立ち、不用意な約束は交わさないのが普通の心理だからです。

ところが、ネパールの女の子は驚くほど無防備です。「かわいいと言ってくれた」「悩《なや》みを聞いてくれた」「好きと言ってくれた」。この程度のやりとりで、素性もわからない相手に恋心を抱いてしまうのです。

ネパールの女の子は、なぜこれほどまでに純情なのでしょうか。その理由は、ネパール国民の多くが信じるヒンドゥー教の教えにあるのではないかと考えられます。ヒンドゥー教では、自由恋愛を禁じています。女の子は、「生まれた家では父親に従い、結婚《けっこん》後は夫に従い、嫡男《ちゃくなん》を生み育て、成長した後は嫡男に従うこと」とされ、生涯、清く慎《つつ》ましく生きることを求められます。実は、仏教にもこの考え方があり、「女は三界に家無し」*といわれています。

ネパールでは結婚はお見合いで、恋愛未経験のままで嫁《とつ》いでいくのが理想

＊女は三界に家無し　仏教でも「女は、幼少のときは親に従い、嫁《よめ》に行っては夫に従い、老いては子に従わなければならない」と言われ、日本でも女性のあるべき姿と考えられていた。「三界」は全世界のこと。

とされています。最近では、恋愛結婚もじょじょに増えつつありますが、親世代では自由恋愛に否定的な観念が残ったままです。女子学生が男の子と並んで歩いただけでも不品行とされ、ボーイフレンドができたとしても、デートらしいデートはできません。「お寺にお参りに行ってくる」と言って出かけ、境内の片隅《かたすみ》でおしゃべりする程度です。これでは、相手の人間性を見極めるだけの経験を積むことはできません。

テレビやインターネットで湯水のようにネパールに入ってくるインドの恋愛映画も、若年層に影響を及《およ》ぼしています。インドもネパールもヒンドゥー教徒の多い国で、かつての映画業界は非常に風紀に厳しかったのですが、昨今はラブシーンも日常的に映し出されるようになりました。もはや「結婚まで品行方正であるべし」との教えは過去のものとなり、自由恋愛が当たり前になりつつありますが、親世代とのギャップが埋《う》まることはありません。

第4章　売春宿での過酷な生活

ムンバイ・カマティプラ地区の売春宿前で客待ちをする女性たち（2012年）。

巨額の利益を生むインドの性産業

これまで、女の子たちが送り出されたネパール側の話をしてきましたが、ネパールの女の子たちを買い受ける側であるインドの性産業がどのようになっているかを紹介します。

インド全体で売春宿に属するセックスワーカーの数は、ムンバイで1万2000〜1万5000人。デリーで2万人。コルカタで1万5000人。メラットで3000人。アグラで2000人。その他、バーガールやマッサージパーラー、エスコートなどを含めると、性産業に従事する少女や女性の数は、インド全土で200万人にものぼるとされています。そして、性産業が生む利益は、年間3000億ドルともいわれているのです。

例えば、G・B・ロードの売春街には70〜80の売春宿があり、約2万人の少女や女性が働いているといわれています。1人がとる1時間の客を1日平均10人として、年間300日営業したとすれば、1年間で60億ルピー（約1

２０億円）の売り上げになります。女の子の値段はピンからキリですが、若くてきれいな子であれば1日で1万ルピー（２万円）を売り上げます。平均でも1人あたり３０００～５０００ルピー（６０００～1万円）は売り上げるといいますから、売春街全体の売り上げは巨額《きょがく》になります。

では、売られた女の子たちは、どのような生活を強いられているのでしょうか。

これまでに１００人以上の人身売買被害者から話を聞かせてもらいましたが、共通していえるのは、一度、売春宿に売られると、想像を絶するほどのつらい毎日が続き、心身共にボロボロになってしまうということです。

〈マイティ・ネパール〉には、失踪《しっそう》した娘を探してほしいと駆けこんでくる親が後を絶ちません。たいてい写真を数枚持参するのですが、何年も前に撮影《さつえい》されたものがほとんどです。今でこそ、カメラ付きの携帯電話が出回り、手軽に写真が撮《と》れるようになりましたが、少し前までは貧しい家庭にカメラなどなく、何年かに1度、写真店に撮ってもらうぐらいだったのです。そうした古い写真を手がかりにして探すのですが、救出された女の子のほとんどが見る影《かげ》もなく変わり果てていました。

売春宿での生活

49ページで紹介したトラックドライバーの男にだまされて売られたラクシュミ（当時17歳）の体験から、売春宿の生活を再現してみましょう。

ラクシュミが売られたムンバイの売春宿の料金体系は、４段階に設定されていたといいます。もっとも安いサービスが、15分間４００ルピー*のショートステイで、次が1時間１０００ルピー。その上が数時間滞在できるハーフナイトの２５００ルピー。もっとも高いのが宿泊《しゅくはく》を伴《ともな》うオールナイトの５０００ルピーでした。

17歳のラクシュミはひっぱりだこで、最低でも1日に10人あまりの客の相手をさせられたといいます。客がやって来ると、３畳《じょう》ほどの小部屋へ連れだって入ります。部屋にあるのは粗末《そまつ》な木製ベッドだけです。熱帯気候のムンバイは、1年を通じて気温が高く、とくに6月から9月までの雨期は野外で

*インドルピー　当時のレートで1ルピー約２・８円。1時間で２８００円程度。

も耐えられないほど蒸し暑くなります。小部屋には冷房《れいぼう》もなく、壁《かべ》づけの扇《せん》風機《ぷうき》が回っているだけです。窓もないため換気《かんき》もできません。

私も何度か売春宿に潜入《せんにゅう》した経験がありますが、そこはまるでサウナのようで、5分もすると全身から汗が噴《ふ》き出し、呼吸がうまくできないほどの息苦しさを感じました。そして、汗やスパイスや香水やお香など、さまざまなものが混じり合った匂《にお》いが充満《じゅうまん》していたことを覚えています。

売春宿には、共同のシャワーとトイレがありましたが、各部屋にシャワーはありませんでした。そのため、頻繁《ひんぱん》には身体を清められません。ラクシュミが働かされていた店も同様で、客の身体を拭《ふ》いた濡《ぬ》れタオルを使って後始末をし、客が帰るとバケツの水で局部を洗う程度だったといいます。これを聞いたときは、あまりの不衛生さに気分が悪くなりそうでした。

食事は客が途切れた頃合《ころあ》いを見計らって提供されたといいます。

「いつも野菜のカレーと豆スープでした。忙《いそが》しいときは、サモサ（スナック）をつまむだけのこともありました。お祭りのときだけは、肉を食べさせてもらえました。あと、お祭りには着る物や化粧品も配られました。でも、

ムンバイ・カマティプラ地区の売春宿（2012年）。

お金はもらえません。こっそりチップをくれる客もいましたが、すべて店に取り上げられてしまいました」

望まない妊娠

売られてから2年ほど経った頃、ラクシュミの身体に異変がありました。生理が来なくなったのです。

「そういうことはときどきあったので、はじめはあまり気にしていませんでした。でも、気持ちが悪くなって吐《は》くようになったので、店のマネージャーに生理はあるかと聞かれたのです。ないと答えると薬を与えられました。その後、ものすごくおなかが痛くなり、何日も出血が続きました。高い熱も1週間ぐらい続き、このまま死んでしまうと思いました」

ラクシュミは、気づかぬうちに妊娠《にんしん》していたのでした。たとえ父親がわかったところで、結婚して子どもを産み育てることなど許されません。店に利益をもたらす商品を失うわけにはいかないのです。おなかに宿った命は直ちに中絶させられたのでした。このときに使われたのは、経口妊娠中絶薬*だったと思われます。インドでも、ミフェプリストンやミソプロストールを成分とする中絶薬が製造されていますが、これらの中絶薬は、膣《ちつ》からの多量出血や細菌感染症《さいきんかんせんしょう》などを引き起こすリスクがあるとして、医師の処方なく服用してはならないとされています。しかし、闇の社会では乱用されており、ラクシュミも飲まされて、大量出血や高熱が続いたのです。

売春宿では、こうした危険な手段で当たり前のように中絶が行われています。結果、不妊症《ふにんしょう》になったり、命を落とすこともあります。また、中絶が可能な時期を過ぎてしまった場合は、売春宿内で出産することになります。劣《れっ》悪《あく》な環境で生まれた赤ちゃんが、どのように育っていくかはいうまでもありません。女の子であれば母と同じ人生を、男の子であれば地域のマフィアの一員として生きていくことになるのです。

2003年、インド警察の調査団が売春街のリサーチを行いました。その際、81・6％の売春宿が、「客に避妊《ひにん》具の着用を勧めている」としたものの、その内の66・5％が、「客が拒めば無理強いはしない」と回答しました。H

＊経口妊娠中絶薬　妊娠初期に使われる飲み薬で、妊娠に必要なホルモンの働きをおさえるミフェプリストンや、子宮の収縮を促し、子宮内の胎のうを排出する効果のあるミソプロストールという薬を使う。

ＩＶをはじめとする感染症の恐ろしさが知られるようになり、最近では売春宿側も避妊具の着用を勧めるようになってきましたが、徹底《てってい》されているというわけではありません。また、十分な教育を受けていない客も多く、性感染症や妊娠に関する知識を備えていない人も少なくありません。その結果、女の子たちはＨＩＶなどの感染症に罹患したり、望まない妊娠によって心と身体を傷つけられることになるのです。

警察官、政治家が参加するオークション

売春宿に売られる際の値段は、日本円にして数万～十数万円といわれています。若くて美しい女の子や幼い子どもほど、高値で取り引きされます。これまでインタビューをしてきたなかで、もっとも高く売られたのはリタ（16歳）というタマン族の女の子でした。白桃《はくとう》色のなめらかな肌に幼さの残る丸い顔、潤《うるお》いのある大きな目に少しめくれ上がった愛くるしい上唇《うわくちびる》、そして口元には肌の白さを際立たせるホクロがありました。はっと目を引く美しい

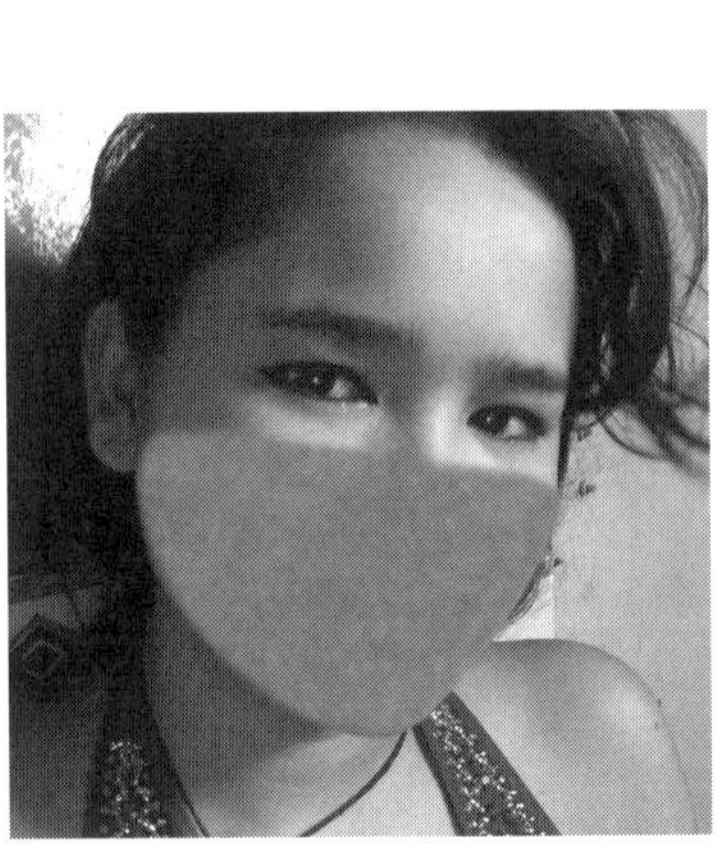

〈レスキュー・ファンデーション〉で話を聞かせてくれたリタ（一部加工、２０１６年）。

少女でした。

リタは、14歳のときインドの首都デリーの売春宿に売られた直後、恐ろしい体験をしました。オークションにかけられたのです。売春街では、とびきり容姿の整った女の子や10歳未満の子どもが入ってくると、〝お披露目《ひろめ》〟と称《しょう》して、警察官や地元政治家、羽振りのいい商売人が招待され、オークションが行われることがあります。もっとも高い値段を申し出た入札者が初めての客となる権利を与えられるのです。

男たちの好奇《こうき》の目にさらされ、奴隷《どれい》のように値段をつけられる気持ちはどのようなものだったでしょう。オークションが終わったあと、自分の身にどんなことが起こるか想像すると身体の震えが止まらなかったに違いありません。

「なぜ、警察官なの?」と思ったかもしれませんが、売春宿の経営者は地域の警察と癒着《ゆちゃく》しています。警察官に定期的に賄賂《わいろ》を渡したり、ときどき無料で遊ばせるかわりに、捜査《そうさ》情報を流してもらって摘発を逃《のが》れているのです。

インドでは成人の自発的な性労働自体は違法《いほう》ではありませんが、人身売買や監禁《かんきん》、強制労働は違法ですからときどき警察が立ち入り摘発を行うのです。
警察だけでありません。地元の政治家ともつながっています。地元の政治家はビルの所有者であることが多く、ビルの部屋に売春宿が入ると、違法な監禁、児童労働の強制、人身売買を黙認するかわりに、高い家賃を取って私腹を肥やしているのです。売春宿が選挙の折に多額の献金《けんきん》を行うのはいうまでもありません。警察官や地元政治家、売春者の経営者の間にはこうした黒いお金が流れているのです。

リタはこのオークションにかけられ、30万ルピー（約60万円）で落札されました。インドの首都デリーの庶民的なコーヒーショップのコーヒーが1杯30円ほどですから、60万円がどれほど高額かわかります。競り落としたのは地元の政治家だったそうで、一晩中、相手をさせられた後、たくさんの客をとらされることになりました。

インドの売春法＊は、セックスワークそのものを明確に禁止しているわけではありません。成人女性が本人の意思で性産業に従事する限りにおいては違法ではないとしています。一方で、人身売買や売春宿への客引き行為、売

＊インドの売春法　成人のセックスワーカーが自発的に売春行為を行うことは「接待業」として合法とされる。業者が売春宿やあっせんを行うことは違法であり、18歳未満が性風俗店で働くこと、客引きなども認められていない。

春宿の経営は明確に違法ですが、それでも売春街が今日も生き続けているのは、悪徳警察官や政治家、売春宿からおこぼれをもらっている者たちが、擁《よう》護《ご》する側にまわっているからです。

売春宿の女経営者によるマインドコンロール

売春宿に売られた女の子は、たいてい到着したその日にレイプされます。抗う気力を粉々に打ち砕《くだ》くことで、意思を失った人形のように扱《あつか》いやすくするためです。こうした手法のほか、言葉巧みに女の子の心を操るというやり方もあります。これまで聞いた多くの人身売買被害の話から、それは紛《まぎ》れもなくマインドコントロールの手法でした。

売春宿に連れてこられたばかりの女の子は、そこがどのような場所であるのかまったく理解していません。ですが、なにか恐ろしいことが起ころうとしていることだけは感じ取り、家に帰してほしいと泣きはじめます。このときこそが、洗脳の好機であるとされています。

売春宿の経営者（ガルワリ）はまず、やさしい声で気持ちを解きほぐすことからはじめます。恐怖《きょうふ》にすくむ女の子に、聞く耳を持たせ、少女が耳を傾《かたむ》けはじめたところで、マインドコントロールがスタートします。

マネージャーや古株のセックスワーカーが女の子を取り囲み、波のように切れ目なくさまざまな言葉を浴びせるのです。

ある女の子は、借金を返せと恫喝《どうかつ》されました。

「私を10万ルピー（約28万円）で買ったと言いました。それは私の借金だから、売春して返す責任があると言われました」

さきほど説明したようにお金はブローカーに渡っているので、かかった元手を払えと迫られるのです。売春宿に売られる平均額は数万〜十数万円ですが、売春宿の経営者は、たいていその額を水増しして伝えます。女の子には到底《とうてい》払える金額ではなく、もはや売春して返すしかないと思いこませていきます。そうした心の揺れを見逃すことなく追い討ちをかけます。

「ガルワリは、自分も人身売買の被害者だった。初めは仕事をするのは嫌だったけれど、がんばって働いて今のような金持ちになったのだと言いました」

そしてこれ見よがしに、耳や首、指や手首を飾《かざ》る金のアクセサリーを見せたといいます。どうせ逃げられないのなら覚悟《かくご》を決めて、大金を稼ぐ方が得策だと思うよう仕向けるのです。ほかの女の子たちも、さまざまな言葉で脅《おど》されていました。

「警察に金を払っているから、私の言うことはなんでも聞く。逃げ出して交番に駆けこんでも、すぐに連れ戻される。マフィアともつながっているから、歯向かえば痛い目にあうと言いました」

「言うことを聞かなければ、故郷の新聞に私が売春婦だということを公表すると言いました。そうなれば、私と家族はもう村では暮らせなくなると脅されました」

「言う通りにしなければ、一生、家族には会えないと言われました」

いずれも震え上がるような脅し文句でした。

マネージャーは、売春宿の女性たちの取りまとめ役ですが、彼女も人身売買の被害者です。その従順さや能力を買われてマネージャーに昇格したのです。比較的《ひかく》自由がきき、相応の報酬《ほうしゅう》も得ているため、売春宿から脱出しようとは露《つゆ》ほども考えていません。そんなマネージャーが、荒らげた声と穏やかな声を織り交ぜ、長い時間をかけて少女を諭《さと》すのです。

絶望感による呪縛《じゅばく》

ある女の子はそのときの様子をこう証言しました。

「一生、ここに閉じこめておいたりしない。借金を返し終わったら、家に帰してやる。そのときは、現金や金の装飾《そうしょく》品、豪華《ごうか》な着物などの褒美《ほうび》を持たせ、故郷まで連れていってやる。でも、褒美は私の働き次第だと言いました。ガルワリに気に入られるようにすれば大金がもらえるし、お客を喜ばすことができればたくさんチップももらえると言ったのです」

「いい子にはよくしてくれるけれど、反抗《はんこう》したらとても怖いよ。ある娘は売春を拒んだからしこたま殴られ、その後、２人のマフィアにレイプされて24時間、監視《かんし》されていると言っていました。言うことを聞かなければ同じ目にあうと脅されました」

また、売春宿に長くいるセックスワーカーたちにも自らの体験を語らせ、絶望感を植え付けたといいます。

「仕事を拒んだら、鉄製の杓子《しゃくし》で、気を失うまで殴られた。気が付くと、真っ暗な隠し部屋に閉じこめられ、何日も食べ物を与えられず、このまま殺されるのかと怖くてたまらなかった」

「逃げ出そうとする私に、ガルワリは邪術《じゃじゅつ》を使って朦朧《もうろう》とさせた。意識がはっきりしないうちに縛《しば》り上げられ、何人もの男にレイプされた」

「マフィアに、カミソリやナイフで身体のあちこちを切りつけられた」

「全身をタバコの火で焼かれ、膣に唐辛子の粉をつめられた」

そんな身の毛もよだつ体験談に、少女たちは打ちのめされ、完全に抗う気力を失うことになるのです。

こうしたマインドコントロールの威力《いりょく》は非常に強固で、救出された多くの被害者の証言からも、それが簡単に解かれるものではないことを物語っています。

◆女の子の人身売買にかかわるおもな人物

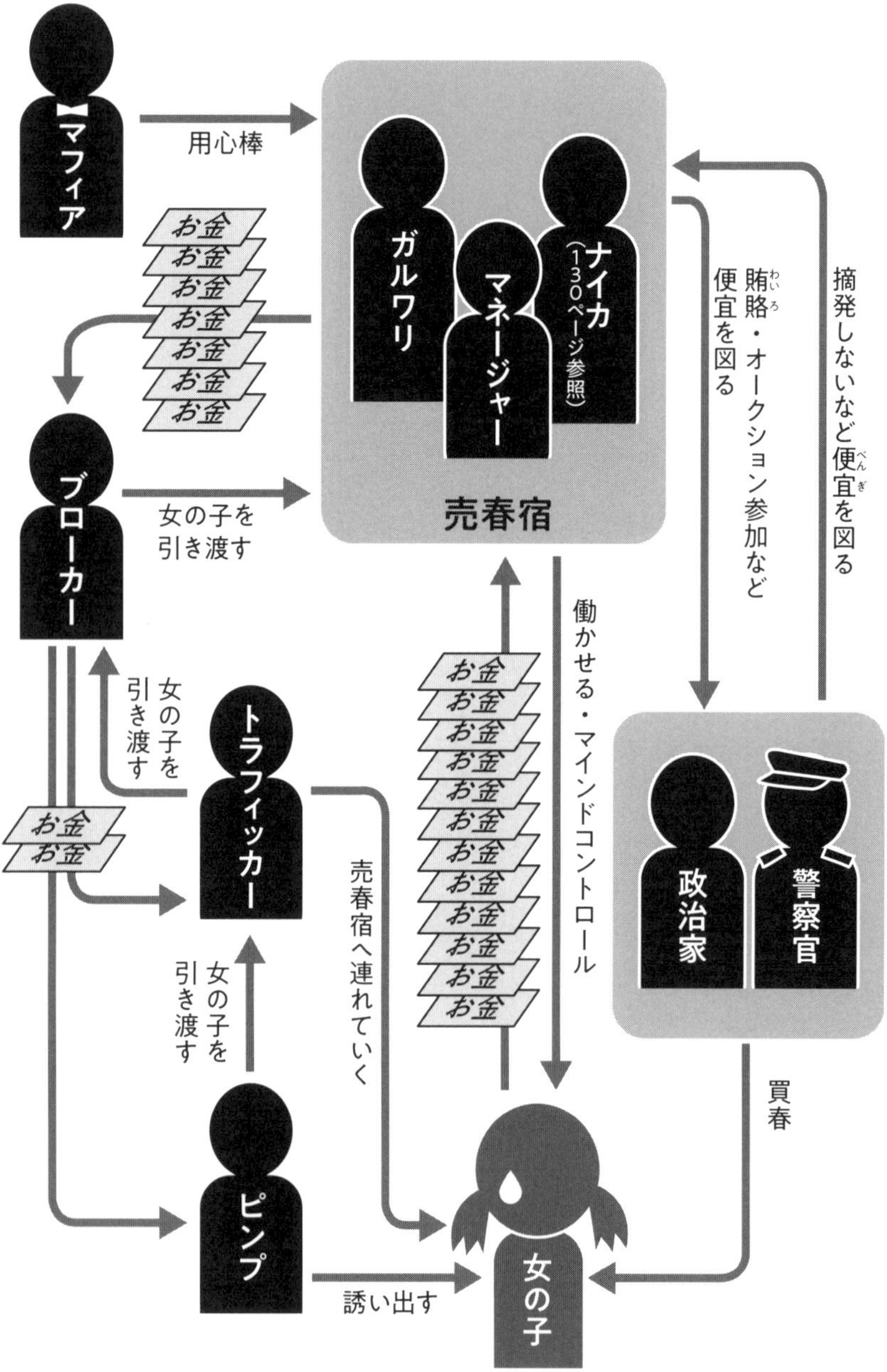

ある女の子は、なぜ逃げ出さなかったのかという問いに対してこう答えています。

「借金の肩代わりに、自分の妹も売られると思った」

「逃げてもマフィアに探し出され、レイプされてもっとひどい売春宿に売り飛ばされると思った」

「邪術を使って罰《ばつ》を与えられると思った。悪魔《あくま》に呪《のろ》い殺されると思った」

悪魔の呪いなど荒唐《こうとう》無稽《むけい》としか思えませんが、病気になるとシャーマンの祈祷《きとう》に頼《たよ》るような村で育った女の子は本気で信じてしまうのです。マインドコントロールの際に睡眠薬やドラッグが使われることがあり、その作用を邪術によるものと信じてしまう女の子もいるのです。

新しい形態の性風俗店

売春宿は、一見して売春目的の店だとわかる外構えをしていますが、最近は、新しい形態の性風俗《せいふうぞく》店が目立つようになりました。

インドの〈レスキュー・ファンデーション〉とのミーティングや現地調査のために、年1回のペースでムンバイとデリーに行くのですが、インドの性産業がじょじょに変化してきていることを実感しています。

とくに目を引くのは、インド最大かつ最古の赤線地帯*といわれるムンバイのカマティプラ地区の変貌《へんぼう》です。10年ほど前、この地域の大規模土地開発が決定しました。それから間もなくして、売春宿が軒《のき》を連ねるエリアのすぐそばに、大型ショッピングセンターがオープンし、周辺にも近代的なビルが建ちはじめました。カマティプラ地区に、大がかりな開発の波が押し寄せたのです。

大型ショッピングセンターのオープンに伴い、今では大半の売春宿が閉店しましたが、性産業から撤退したわけではありません。別の形で、女の子たちに売春を強要し続けているのです。

冷房の効いた店内でお酒を飲みながら女の子たちと歓談《かんだん》し、気に入った子を指名して性サービスを受けられるビア・バーや、性サービスを受けられるマッサージパーラーが新規開店しているのです。

*赤線地帯　公認された売春街のこと。戦前から警察は地図上の性風俗営業が認められる地域を赤い線で囲んで示していたことが由来。日本では1946年にGHQが公娼廃止の覚書を出し性風俗営業を禁止してから、1958年までに、飲食店などとして風俗営業許可を取り買春が行われていた地域を指す。

なかでも急増したサービスが、エスコートサービスというもので、アプリを使って女の子の写真や動画を流し、客が選んだ女の子を客が指定する場所あるいは店が契約《けいやく》しているアパートやロッジとよばれる宿泊施設の一室に派遣するシステムです。

こうした新たな営業形態が、被害者救出をさらに困難にしているといいます。〈レスキュー・ファンデーション〉代表のトリベニさんは、次のように言います。

「これまでは、売春宿が集まるエリアで内偵《ないてい》捜査を行い、被害者救出にむけて戦略を立てられました。私たちの闘《たたか》いの場は明確だったのです。でも、店を構えなくても営業ができるサービスが出てきました。そうなると、広いムンバイ＊のどこに被害者が隠されているのか、探ることが極めて難しいのです」

性風俗のシステムは時代とともに変化し、客層にも変様が見られるようになりました。かつて性風俗店に出入りする人たちは限られていましたが、今では大学生や若いサラリーマンが気軽に性を買うようになったと言います。

＊ムンバイ　25ページ参照。

それでも従来の形のまま営業を続ける店も存在します。顧客《こきゃく》の多くを占める底辺社会の男性のなかには、インターネットや携帯電話とは無縁《むえん》の者も少なくありません。そうした客を受け入れているのが、昔ながらの売春宿なのです。

近年、インドの首都デリーへの人身売買が増加していると報告されています。これまでムンバイに送られていた女の子たちが、ムンバイより近いことからデリーに人身売買される数が増加し、同時に低年齢化しているのです。デリーの売春宿で働かされるネパール人の多くが、タマン族の女の子であるといわれています。またコロナ禍《か》以降は、ネパール国内に売られるケースが目立ちました。コロナ禍の状況については第7章でくわしく紹介します。

第5章 〈レスキュー・ファンデーション〉の救済活動

〈レスキュー・ファンデーション〉が救出した女の子たちに基礎教育を行っている様子。

内偵スタッフの隠密《おんみつ》活動

NGO〈レスキュー・ファンデーション〉は、インドのムンバイに本部を置き、その組織名のように少女たちを売春宿から救出活動して、社会復帰のサポートを行うNGOです。代表のトリベニ・アチャルヤさん（59歳）は元ジャーナリストであり、現在は人権問題の活動家です。インドには人身売買問題に取り組むいくつかのNGOがありますが、私が知る限り〈レスキュー・ファンデーション〉はもっとも精力的かつ実践的な活動を行っています。

レスキュー（救出）団体と名乗るだけあって、直接、売春宿に踏みこみ、女の子たちを救い出す活動を行っています。私も何度か救出現場に同行しましたが、大きなリスクを伴うミッションでありながら、危険を顧《かえり》みることなく果敢《かかん》に臨む姿に深い感銘《かんめい》を受けたものです。

〈レスキュー・ファンデーション〉が運営する施設は、本部を置くムンバイのほか、ターネ市ボイサル、プネー、デリーの計4カ所あります。

〈レスキュー・ファンデーション〉代表のトリベニ・アチャルヤさん。

本部には、内偵と救出活動を行う部署、経理部、広報部、資金調達部、売春宿の経営者などに対し訴訟《そしょう》の手続きを行う法務部、売春宿から救出した女の子たちを保護するシェルターを運営する部署、リハビリプリグラムの企画《きかく》運営を行う部署があり、28人のスタッフが働いています。他の３カ所の施設にも、資金調達を行うセクション以外のすべての部署があり、ボイサル24人、プネー18人、デリー19人のスタッフが働いています。４つの施設の年間運営費の総額は約50万ドルです。そのうちの70％が海外からの寄付、26％がインド国内からの寄付、４％がインド政府からの補助金で賄われています。

救出活動は、インベスティゲーター＊とよばれている内偵スタッフが、協力者からの情報をもとに客を装って売春宿に潜入し、救出対象者の居所を突き止めることからはじまります。協力者になってくれる可能性があるのは、売春街に出入りが自由にできる行商人たちです。

例えば、女性用の衣類や装飾品などを扱うために店に出入りして女の子と知り合いになったり、客として通ううちに好意を抱き、店から解放してやりたいと思ったりすると、〈レスキュー・ファンデーション〉の活動に理解を

ボイサルにある〈レスキュー・ファンデーション〉の施設。救出された女の子たちが生活する棟が映る。

＊インベスティゲーター　英語で、調査員、捜査人の意味。

示し、協力者になってくれることがあります。売春宿の用心棒は無法者ですから、協力者の身の安全も守らなければなりません。

また、ライバル関係にある売春宿のオーナーやブローカーなどから情報を得ることもあります。大勢の若い女の子を抱えて繁盛《はんじょう》している店に客を奪われるのはおもしろくありません。内偵スタッフがアプローチし、ライバル店に関する情報をリークさせるのです。こうした協力者の確保も内偵スタッフの仕事のひとつです。

客を装ってカウンセリング

内偵捜査は、何度も回数を重ねて行われます。救出対象者を探し当てたとしても、すぐに事は運べません。まずはカウンセリングを行わなくてはならないのです。

前にも書きましたがインドの売春法は、売春宿の経営は禁じていますが、セックスワーク自体を明確に禁止しているわけではありません。2022年

〈レスキュー・ファンデーション〉での職業訓練プログラムの様子。

５月、最高裁は売春を合法的な職業と判断し、セックスワーカーであることを自ら選んでいる成人である限り、警察は彼女たちや売春業者に対して干《かん》渉《しょう》したり、刑事《けいじ》処分を行うことはできないと裁定したのです。

しかしそれは、成人（18歳以上）の自発的なセックスワーカーに限ってのことです。未成年者（18歳未満）が強制的に性労働に従事させられている場合は、売春法によって救出しなくてはならないとされているのです。

救出作戦は、闇雲に行って救出したとしても、「私は未成年ではない。自分の意思で働いている」「私は売春などさせられていない。メイドとして働かされていただけだ」などと主張されれば、警察は救出自体をあきらめるしかありません。

また、女の子たちは強力にマインドコントロールされた状態にありますから、かろうじて救出したとしても売春宿に舞い戻ってしまうリスクもあります。本人が売春宿から逃れたいと願わない限り、救出ミッションを実行しても成功しません。

そこで、内偵スタッフはカウンセラーの役割を果たすために、売春宿に通いつめ、少女たちのマインドコントロールを解いていきます。例えば、ある内偵スタッフは、こんなふうに切り出すといいます。

「仕事で疲《つか》れているので話をしてリフレッシュしたい。話をするだけでいいんだ。ぼくの故郷はバイラワ。仕事でムンバイに単身赴任《ふにん》しているんだ。家族とはなかなか会えないからさみしいもんだよ。きみもネパール出身？故郷はどこ？」

性的サービスは一切受けず、世間話を母国の言葉でやさしく語りかけます。他の客と違《ちが》ってなんのサービスも求めないため、好印象を残すことができます。何度も通って心を開きはじめたら、カウンセリングを開始します。外の世界に出ても恐ろしいことはない、ここでの苦しみから解放されるには救出されるしかないということを理解させて、救出されたいという意思を持つように説得していくのです。

内偵スタッフはペンタイプや眼鏡タイプの隠しカメラを密かに持ちこみ、カウンセリングの様子を撮影《さつえい》します。説得と並行して、実年齢を聞き出したり、隠し部屋の確認などをします。長い時間と根気を要するうえに、どれだけ力を注いでも洗脳を解くことができない女の子もいます。

内偵捜査は常に危険ととなり合わせです。例えば、客を装って店を訪れた際、正体を見破られると無事では済まされません。ある内偵スタッフは、カマティプラ地区の売春宿に通いつめるうちに素性がばれ、１００人近い売春宿の経営者やマネージャー、用心棒たちに取り囲まれて袋叩《ふくろだた》きにされました。大けがを負いながらもなんとか脱出しましたが、逃げ切れなければ命を落とすところでした。このあと、一帯には内偵スタッフの顔写真が出回り、何年もカマティプラ地区を歩くことさえ危険な状態でした。それでも、この内偵スタッフが少女たちの救出を行うのは「女の子の人生を救うことができるから」だと言っていました。

デリーでの救出作戦

内偵のなかでも重要なのは、少女の実年齢を聞き出すことです。18歳未満なら本人の意志に関係なく、警察とともに店に踏みこんで保護することができるからです。

売春宿の内部構造と隠し部屋の位置を確認することも重要なポイントだといいます。たいていの売春宿が、天井裏や壁のうしろに隠し部屋を作っていて、警察の捜査があるという情報が入ると、女の子たちを隠してしまいます。売春宿の構造がわかっているかどうかが、救出作戦を成功させるうえでの必《ひっ》須《す》の条件なのです。

救出作戦は、〈レスキュー・ファンデーション〉のスタッフと警察官、2名以上のソーシャルワーカーがチームを組んで実行されます。陣頭指揮は警部以上の役職を持つ警察官が行い、必ず女性警察官が同行することになっています。ソーシャルワーカーは、売春宿の女性たちを1人でも多く救出するために、現場で女性たちを説得するために同行します。

決行当日の5時間前まで、摘発対象の場所と決行時間は極秘事項《じこう》です。売春宿と内通している悪徳警察官がこちらの動きに感づくと、売春宿に通報して、途端に女の子たちが匿《かくま》われてしまうからです。

私は何度かレスキューの現場に参加しましたが、一瞬の油断も許されないほどの緊張《きんちょう》感に包まれていました。

売春街には、比較《ひかく》的、監視がゆるく踏みこみやすい店と、監視の目が非常に厳しく、潜入に大きな危険が伴う店に分類されます。低年齢の女の子を抱えている店は、商品価値が高い少女を奪われれば大きな損失です。つまり監視が厳しい店には、救出すべき女の子たちが働かされているのです。

「助けてほしい」に応えたい

２０１２年に救出活動を行ったデリーの売春宿も、監視の目が非常に厳しい店のひとつでした。

「大勢のマイナー（18歳未満）が働かされている」という情報を入手し、もっとも古参の内偵スタッフ、サントシュさんがすぐに捜査を開始しました。客を装い、何度も店に通い続けました。そして4カ月がすぎるころ、ついに16歳の女の子から、「助けてほしい」との言葉を引き出したのです。

私は救出の現場に立ち会うためにデリーにむかいました。現地入りして1

週間ほど経った頃、決行の日が来ました。

「マリコ、今回のターゲットの店はとても危険です。つい先日も店側と揉《も》めた客がマフィアに殺害されました。あの界隈《かいわい》でもっとも危険な売春宿といえます。十分、気をつけてください」

これまでムンバイやプネーなど、何度かレスキューの現場に立ち会って、どのように振《ふ》る舞うべきか心得ているつもりです。これまで以上の危険が伴うと聞き、念には念を入れて準備することにしました。

まず、日本人であることは決して知られてはなりません。サルワール・カミーズというシャツとズボンのセットに、ドゥパタ＊とよばれる大型のショールを頭からかぶり、バッグや靴《くつ》、腕時計などのアクセサリー類もインド製のものでそろえ、歩き方や仕草も現地女性に扮《ふん》しました。言葉を話すと、イントネーションからあやしまれるため、無口な人を装うことにしました。

夕方5時、サントシュさんが警察署に打ち合わせにむかいました。ほかの〈レスキュー・ファンデーション〉のスタッフ数名と私は、警察署からずいぶん離れたところに車両を停め、車内で待ちました。売春宿と内通している

＊ドゥパタ　インド北部で作られている大判のショール。

ドゥパタを頭からまとう女性（インド・ムンバイ、2023年）

悪徳警察官は、〈レスキュー・ファンデーション〉が所有する車両の種類やナンバーを知っていますから、彼らに見つかると救出活動が察知されて、店に通報されてしまうからです。

小一時間が経過したところで、警察との打ち合わせを終えたサントシュさんが戻ってきました。引き続き待機しますが、２時間経っても警察から連絡がありません。いつ出動の号令がかかるかもしれず、トイレに行くこともできないため、水分の摂取《せっしゅ》を控《ひか》えていました。

４時間を過ぎた夜９時ごろ、サントシュさんの携帯の呼び出し音が車内に鳴り響《ひび》きました。警察からの連絡のようです。

「わかりました。私たちもこれから現場にむかいます」

通話を終えるか終えないかのうちに、ドライバーがエンジンをかけ、「チャロ（行きましょう）」のかけ声で発車しました。ドライバーは、混雑する道路を車と車の間を器用に縫《ぬ》いながら目的地にむかいました。

あと少しで到着というところで、ふたたびサントシュさんの携帯が鳴りました。通話を終えた彼の顔が曇《くも》りました。

「今日のレスキューは中止になりました。女の子たちのほとんどが店にいないというのです」

私たちが到着する少し前、店内の様子を探るため客を装って潜入していた内偵スタッフから、女の子たちの大半が、どこかに移動させられてしまったという連絡が入ったのでした。

「十分、気をつけていたのですが、してやられました。どの警察官なのか、どの段階だったのかはわかりませんが、スパイをしていた奴《やつ》にこちらの動きが嗅《か》ぎつかれたんです」

サントシュさんは悔《くや》しさをにじませました。

再トライ

私が過去に同行したレスキューも、すんなりことが運んだことは一度もありませんでした。今回もまたもや仕切り直しです。警察と協議した結果、数日後に再びトライすることになりましたが、これも失敗に終わりました。

2度目の失敗から5日後、日没《にちぼつ》前に内偵スタッフの1人が店の近くで見張りに立ちました。普段と変わらず客の出入りがあることから、摘発を警戒している様子はうかがえません。〈レスキュー・ファンデーション〉は突入を決め、警察に支援を要請《ようせい》しました。情報が漏《も》れる猶予《ゆうよ》を与えないため、数時間のうちに準備を整え、急襲《きゅうしゅう》することにしたのです。

警察と申し合わせた時間ぴったりに、ターゲットの店が入る4階建てのビルに到着しました。ほぼ同じタイミングで2台の警察車両が姿を見せ、ビルの入り口をふさぐように停車しました。そのうしろに〈レスキュー・ファンデーション〉の車を停め、サントシュさんを先頭に一気に踏みこんだのです。

店は3階にありました。入ってすぐのところに待合スペースがあり、壁に沿ってコの字型に長椅子が置かれています。そこに十数人の女性が座っていました。

「警察だ！　そのまま動くな！」

なにが起こったのか呑《の》みこめず、女性たちは一瞬きょとんとした表情を見せました。しかし、すぐに状況を察し、みんな顔を隠すようにうつむきました。ドゥパタを頭からかぶり、身体を小さく丸める女性もいます。

「サー（男性によびかけるときの敬称）、いったいどうしたというんです？　ここにはマイナーの娘はいませんよ？」

売春宿のオーナー（ガルワリ）らしき中年女性が、「この店に未成年者はいない。なぜ突然、警察官が大挙しておしかけてきたのか」と強い口調で抗《こう》議《ぎ》します。たしかに、待合スペースには未成年と思《おぼ》しき女の子は見当たりません。警察車両が現れたときに、隠し部屋に匿ってしまったのです。

「マイナーの娘が働かされているとの情報が入ったからだ。これから調べさせてもらう。全員、そこから動かないように！」

そう言うと警察官たちは待合スペースの奥に入り、小部屋の捜索《そうさく》をはじめました。

「うちにはマイナーなんていないよ！　働きたくて働いている娘ばかりなんだよ！」

ガルワリが声を荒らげ、捜査を阻止《そし》しようとします。マネージャーや古株のセックスワーカーたちも加担し、警察官や〈レスキュー・ファンデーション〉のスタッフたちと小競り合いになりました。その隙《すき》に、救出対象者から内部構造を聞き出していたサントシュさんが店の奥へとむかいます。そしてベランダに通じるとびらを開けると、「この壁のむこうに隠し部屋があります。中に隠されているはずです」と声を上げました。

壁をノックすると空洞《くうどう》を感じる音がしました。サントシュさんが、突入のときから手にしていたハンマーで壁を叩《たた》きはじめました。ガーン、ガーンと打音が響き渡ります。しかし、なかなか壁を打ち破ることができません。別のスタッフが交代し、さらに叩き続けます。そして10分ほど経ったところで、ようやく空洞へと通じる隙間《すきま》が生まれました。そこを集中的に叩き続け、人ひとりが潜《くぐ》り抜けられるぐらいの穴を空けることができました。そこから奥にむけて、懐中《かいちゅう》電灯の光をむけます。そしてこう声をかけたのです。

「こっちに出てきて！　心配しないで！　助けに来たよ！　早く出てきて！」

最初に出てきたのは、サントシュさんが接触を続けた女の子でした。後に続いて９人の女の子たちが出てきました。

「急いで！　急いで！　マダム（私の呼称《こしょう》）、女の子たちを車まで連れていってください！」

言われるまま、女性警察官とともに女の子たちを階下へと誘導《ゆうどう》します。女の子たちの表情はおびえきっていました。

「大丈夫《だいじょうぶ》だよ、心配しないで」

笑顔でそう声をかけ、手をつないで階段を下ります。そしてビルの出口に差しかかったところで、サントシュさんが「急いで」と声をかけた理由がわかりました。ビルの前には人だかりができていて、そのなかに見るからに柄《がら》の悪そうな男たちが何人も紛れていたのです。

彼らを押し分け、女の子たちを警察の車の押しこみました。女の子たちに、「私もいっしょに行くから心配しないで」と声をかけました。

サントシュさんたちが3階から駆け下りてきました。

「マダム！　急いで車に乗って！　暴動になりそうです。急いで！」

その声と同時に、警察官がガルワリらしき中年女性を〈レスキュー・ファンデーション〉の車に押しこんできました。警察車両に乗り切らないので、警察署まで護送してほしいというのです。日本ではありえないことです。１分１秒を争う状況に、私の胸はドクンドクンと音を立てていました。

警察署へ移動する約20分の間、中年女性は私に盛んに話しかけてきました。

「マダムはネパール人ですよね？　目当てはネパールの娘でしょ？　うちの店はムスリムの娘ばかりなんですよ。ネパール人はいないんです。だから見逃してください。お願いしますよ。ねえ、マダム」

両手を合わせ、泣き出しそうな声でしきりに哀願《あいがん》します。おそらく彼女ももとは人身売買の被害者だったに違いありません。自ら好んでこの世界に身を投じたわけでなく、生き抜くためのやむを得ない選択だったのでしょう。そう思うと同情の余地もありますが、やはり許されることではありません。

「ネパール人かインド人かは関係ありません。マイナーの女の子を強制的に働かせていたのだから、あなたは逮捕《たいほ》されて当然です！」

無口な人を装っていた私でしたが、つい声を荒げてしまいました。

救出作戦に立ちはだかる警察

このときのレスキューは大成功でしたが、いつもこのようにうまく事が運ぶとは限りません。むしろ、失敗することの方が圧倒《あっとう》的に多いのです。16歳の女の子を探してくれという依頼《いらい》があったときのことです。内偵捜査で居所をつかみ、カウンセリングを続けて本人から「救出してほしい」という確認を取り、さっそく警察に摘発を要請しました。しかし、運悪く救出に協力的な警察のトップが不在だったため、次席の幹部が指揮をとることになりました。

当日、売春宿に乗りこむと、そこはもぬけの殻《から》でした。摘発の手から逃れるため、少女たちを別の場所に移動させていたのです。次席幹部によるものか、あるいはその周辺の人物の仕業なのかはわかりませんが、事前に情報が漏《ろう》えいしてしまったのは確かでした。

救出作戦が失敗に終わり、落胆《らくたん》した女の子は、警察宛《あ》てに「助けてほしい」と書いた手紙を、売春宿に出入りする行商人に託《たく》しますが、警察が動くことはありませんでした。手紙が警察の手にわたったのかも定かでなく、たとえ届いていたとしても、売春宿に協力的な警察官によってもみ消されたに違いありません。

それでもこの子はあきらめませんでした。見張りの目をかすめ、脱走を試みたのです。通りを一目散に走り抜け、雑貨店に飛びこんで、そこからサントシュさんに電話したのです。

このときの様子をサントシュさんはこう話します。

「もし見つかったら、ひどい暴行を受けます。よほど怖かったのでしょう。〝助けて、助けて！〟とくり返しながら泣いていました。でも、私ひとりで彼女を救い出すことは難しかったので、女の子には雑貨店で待ってもらい、警察をよんでいっしょに救出にむかいました」

美しい容姿を持つこの子は、１年間売春を強要され、１日に60人もの客の相手をさせられることもあったと話していました。

「ナイカ」とよばれる謎の女性の役割

内偵のベテラン、サントシュさんが言うには、「デリーの売春宿での内偵捜査を通じてナイカという存在がわかった」とのことです。ナイカというのはヒンディー語で、女性のリーダーやヒロインを指します。売春宿の支配人のような立場で、ガルワリの下で女の子をコントロールする役割を担っています。

ナイカのほとんどが20〜30歳代のタマン族の女性です。働かせているタマン族の女の子をコントロールしやすいことに加え、万一、警察に捕まっても決して口を割らない、口がかたいことに定評があります。

ナイカの背後にはムスリム*の男の存在があるといいます。ムスリムの男は決して表に出ず、ふつうに暮らしているので、闇社会とつながっているとは到底、思えないタイプの人間ですが、いざとなればマフィアを動かし、売春宿を守る働きをします。

*ムスリム　アラビア語で、イスラム教を信仰しているイスラム教徒。ネパールでは人口の４・４%、インドでは13%とされている。

ナイカが売春宿の内情をしゃべらないのは、たとえ逮捕されて服役しても、ムスリムの男を守りさえすれば、出所後、再び雇ってもらえるであろうと期待しているからです。ナイカは、売春宿のオーナーに警察の手がのびないように防波堤《てい》の役割を引き受ける場合もあるのです。

自らの意思で売春宿に身を置く女性たち

売春宿で働くすべての女性たちが、救出されるのを待っているわけではありません。長い期間、売春宿で暮らしてきた女性たちは、複雑な事情を抱えていて、「今さら助けに来ても遅すぎる。故郷に帰ったところで家族が受け入れてくれるはずはない。結婚だってできやしない。野垂れ死にするしかないじゃないか。だったらここの暮らしの方が、よっぽどおもしろおかしく生きられる」と言います。

彼女たちの言うとおり、この先、社会に出たからといって幸福な人生が待っているわけではありません。とりわけヒンドゥー教徒が多いネパールやイ

ムンバイのフォークランド・ロードの売春宿で客待ちをする女性たち（2018 年）

ンド社会では、処女性が重視され、たとえ強制的であったとしても、性産業に従事させられていたというだけで白眼視されてしまいます。加えて、もともと地位の低い無教養の女性が、自立の道を切り開くことは容易ではありません。事実、一旦《いったん》売春から足を洗っても、社会の偏見や差別の目に耐えかねて、自らの意思で売春宿に帰ってくる女性は40％にものぼるのです。

売春宿で生きることを選択《せんたく》した女性たちのその後はさまざまです。煮炊《にた》きや洗濯などを担う雑役婦《ざつえきふ》となって売春宿に住まい続ける女性や、路上に立って年齢を重ねるごとに料金を下げ、駄菓子《だがし》ぐらいの値段で身を売り続ける女性もいます。自分は売春をやめて、女の子をだまして連れ去るピンプになる女性もいます。そうしたなかで、もっとも羨望《せんぼう》の眼差しをむけられるのが、自分の店を持つまでに出世した女性たち＝ガルワリです。

伝説の売春宿のオーナー

少し話が逸《そ》れますが、伝説のガルワリを紹介しましょう。シータ・タマン

（68歳）は、ネパール出身のタマン族でありながら、危険なインドの闇社会で大成功した伝説の女性です。

売春は法の庇護《ひご》の外（アウトロー）にあった存在ですから、日本では暴力団、アメリカや南米などではマフィアなど、世界中で非合法の暴力組織と折り合って存在してきました。そうした世界のなかで、少数派のネパール人女性として成りあがった人物です。

そんな彼女も売られたばかりの頃は、奴隷のような毎日に涙していたに違いありません。しかし、あるときを境にこの世界で生きていくしかないと決意し、客からもらったチップを巧みに隠し、貯めこんでいきました。店のガルワリに気に入られるように振る舞い、やがてマネージャーの地位を得ます。店を切り盛りして、マフィアや警察官、政治家らとのコネを作って力を貯えていきます。そして、貯めた金を元手にして、それまで世話になったガルワリの妹分として独立したのです。

私がシータの存在を知ったのは、15年ほど前のことです。当時53歳の彼女は、何十人もの女の子を抱え、ムンバイ・カマティプラの一番通りに店を構えているとのことでした。女の子の大半が10代であり、繁盛する店として名を馳《は》せていました。〈レスキュー・ファンデーション〉が何度もこの店の摘発に挑《いど》みましたが、いつも失敗に終わっていました。警察に多額の賄賂を渡し、レスキュー決行の日時が事前にもれてしまうのです。

現在、店は信頼の置けるマネージャーに任せ、自身はムンバイの高級マンションで悠々《ゆうゆう》自適の生活を送っているそうです。プネーやバンガロールに別《べっ》荘《そう》を所有しており、姿を現すことはほとんどありませんが、15年ほど前、内偵員のサントシュさんがカマティプラでほんの一瞬、彼女を見かけたそうです。見るからに高価そうなサリーやアクセサリーで着飾り、立ち居振る舞いにも品があって、良家の奥さまにしか見えなかったと言っていました。

当時、彼女は腕利きのネパール人のピンプを使って、母国の少女を巧みにだまし、自分の店に供給し続けている、という噂《うわさ》でした。３人の娘がいましたが、彼女たちはカトマンズの親族に預けられ、良家の子女が通う学校で高等教育を受けていました。母親が裏社会の人間とは想像も及ばなかったはずです。そんな娘たちの暮らしが、同世代の女の子たちの苦しみの上に成り立っていることを思うと、やりきれない気持ちになりました。

哀《かな》しい連鎖《れんさ》

しかし、だれもが伝説のガルワリ・シータのように成り上がれるわけではありません。多くの売春宿のオーナーたちは、警察に賄賂を渡して機嫌《きげん》をとり、マフィアを金で使い、〈レスキュー・ファンデーション〉の捜査に恐々《きょうきょう》としながら必死に店を守っています。

以前、ムンバイのフォークランド・ロードという売春街を取材しました。そこで出会ったネパール人のガルワリも、そうしたひとりでした。

このときの取材は、ムンバイの売春街でＨＩＶなどの感染症予防のために避妊具の無料配布活動などを行っているお医者さんに紹介してもらった古株のガルワリの力を借りて行いました。そこは、５つのベッドを備えただけの最底クラスの店でした。衣類や食べかけのスナックやなにが入っているのかわからない箱が散乱するベッドにゴロンと寝《ね》転んだ彼女は、テレビドラマを観ていました。正午をすぎたばかりで暇《ひま》な時間帯ではありましたが、客足がのびはじめる夜８時になっても、あまり様子は変わらないように思えました。待合スペースには５人のセックスワーカーがいましたが、どの女性も器量がいいとはいえず、若くもなかったからです。

「ナマステ。お話を聞かせてもらえませんか？」

そう声をかけてみました。しかしガルワリは、噛《か》みタバコをくちゃくちゃさせながら、テレビの画面に視線をむけたままです。

「すみません。ちょっとだけでいいので、お話を聞かせてほしいんです」

「なにも話せないよ。４年も入れられたんだからね」

返ってきたのはめんどくさそうな拒絶の言葉でした。

この店の主はマイナーに売春を強要した罪で、ムンバイの刑務所《けいむしょ》に４年服役し、出所したのはつい半年前のことでした。私は、自分の素性を説明し、ほんの少しだけでも話を聞かせてほしいと頼んでみましたが、警戒心《けいかいしん》が解けることはありませんでした。

彼女には、強いコネがないようでした。コネは、賄賂で成り立つ警察との癒着《ゆちゃく》関係です。警察に便宜《べんぎ》を図ってもらえなければ、自力で身を守るしかありません。売春宿と癒着関係にある警察も、まったく動かないというわけにはいきません。売春街で10代の少女が強制労働を強いられているのは周知の事実ですから、警察としてもなんの行動も起こさなければ批判されます。体面を保つため、時には救出活動をしてみせなくてはなりません。そのターゲットとされるのが、十分な賄賂を払えない彼女のような小さな店なのです。

彼女もカマティプラに連れてこられた日、きっと怖くてたまらなかったでしょう。初めて客をとらされた夜は、絶望のあまり死を願ったかもしれません。それでも必死で生き抜き、やがて自分が少女を売る側となり、何十年にもわたってしのぎを削《けず》ってきたのです。しかし、彼女にはシータのような才覚はなく、澱《おり》のような哀しみが沈殿《ちんでん》する街の片隅で、おそらく終生、地を這《は》うように生き続けるしかないのです。

哀しい連鎖が延々と続く街――。

それがインドの売春街なのです。

〈レスキュー・ファンデーション〉の救出後の支援プログラム

〈レスキュー・ファンデーション〉は、女の子を救出する活動だけをしているわけではありません。救出した女の子たちの支援プログラムも行っているのです。

　女の子たちは十分な教育を受けていないため、インドの教育カリキュラムに準じた学習の機会を提供します。また、スポーツにも力を入れており、体育教師を雇用《こよう》して、バレーボールやアーチェリー、空手やボクシングなどさまざまなスポーツの指導を行っています。

　目的は女の子たちの自信の回復にあります。虐待《ぎゃくたい》を受けて育った子どもたちは、一般的に不安感が強く、自信や自尊心が低下しているそうです。また、抑《よく》うつ症状や攻撃《こうげき》性など、情緒《じょうちょ》的な問題を示すことも多いといわれています。強制売春も虐待のひとつであり、〈レスキュー・ファンデーション〉に保護されたばかりの女の子たちにも同様の傾向《けいこう》がみとめられました。そこでリハ

〈レスキュー・ファンデーション〉でヨガを行う女性たち。

ビリの一環《いっかん》としてスポーツを取り入れたのです。

運動には、満足感や達成感などの快感を得る効果があります。「前よりも速く走れるようになった」、「前よりも高く飛べるようになった」といった自分の成長を実感することで気持ちが明るくなり、自分に自信が持てるようになるのです。

といっても、指導者である体育教師に空手の経験はありません。インターネットで指導方法を調べ、動画でさまざまな型をチェックするなど、見様見真似で女の子たちに教えたそうです。そんな状態であったにもかかわらず、プログラムを受けた女の子がマハーラシュトラ州*の大会で優勝したこともありました。

＊マハーラシュトラ州　インド西部の州。州都はムンバイ。

第6章 女の子たちを支援するプロジェクト

〈マイティ・ネパール〉のリハビリプログラムでヨガのレッスンを受ける女の子たち。

まずはトランジット・ホームへ

〈マイティ・ネパール〉は国境沿いでトランジット・ホーム＊を運営し、インドから救出された女の子たちは、まずここで健康診断とカウンセラーによるカウンセリングを受けた後、家族のもとへ帰るのが基本ルールとなっています。その際、保護者に施設まで引き取りに来てもらい、再び危険な目にあうことのないよう家族にもカウンセリングを行ったうえで送り出すことにしています。

しかし、家庭環境がよくない場合は例外です。例えば父親が日常的に暴力を振るうような家庭では安心した暮らしは望めません。現状から逃げ出したいという心理をつかれ、再び誘惑《ゆうわく》にかられてしまう危険があるため、家に帰さないという判断がなされることもあります。

女の子が家に帰れない場合はトランジット・ホームや〈マイティ・ネパール〉本部のシェルターに滞在し、縫製技術や美容技術、ホテルのルームキー

＊トランジット・ホーム　インドから送還された女の子たちが一時滞在する施設。滞在は最長6カ月間とされているが、事情によっては延長も可能。

〈マイティ・ネパール〉が運営するトランジット・ホーム。

パー業務、商業ビルや病院の清掃業務などの職業訓練を受けます。親元に帰れなくても自分の力で生きていけるよう、就職に有利な技術を習得してもらうのです。

職業訓練は、基本的に〈マイティ・ネパール〉本部のシェルターまたはトランジット・ホームで受けることになっていますが、例外として、31ページで紹介したスニタのように、プリベンション・キャンプで訓練を受ける場合もあります。

もう人身売買に巻き込まれないために

◎仕立て屋開業プロジェクト

人身売買犯罪に巻きこまれる一番の原因は、貧困と教育機会の欠乏《けつぼう》にあります。そのため、〈マイティ・ネパール〉は、３カ所のプリベンション・キャンプで、貧困家庭の女の子たちを対象に、基礎《きそ》教育と職業訓練を行っています。ビーズアクセサリー作りや縫製技術、機織り技術のトレーニングは、

マイティ本部の保護施設で職業訓練を行う女性たち。

〈マイティ・ネパール〉が活動をはじめた頃から行われてきました。

とくに力を入れてきたのが縫製技術のトレーニングです。〈マイティ・ネパール〉が雇用する講師が型紙の取り方から布の裁断の仕方、ミシンの使い方まで指導し、訓練を終える頃にはクルタやサリーのブラウスを仕立てられるようになります。

ヘタウダのキャンプが運営する縫製教室を例に挙げてみましょう。

ヘタウダは、ネパール東部のバグマティ州の州都で、同州マクワンプル郡の郡都です。ネパールでも重要な工業地帯として栄える町ですが、周りを囲む山々には、上下水道さえ通っていない村もあります。いちばん近いバス停まで丸一日歩かなくてはならないような辺境の村もあり、住民の大半が貧しい暮らしを送っています。そんななかでもとくに貧しい家庭から生徒を集めていますが、資金的な制約があって定員は20人、4カ月で修了できるカリキュラムが組まれています。年に2回の教室が開かれ、このプロジェクトは1997年から行われていますから、これまで1000人余りが卒業しています。

4カ月の教室で習得できる技術は、縫製技術の初級から中級程度です、都

手に職をつけ自立した生活をめざすため縫製技術を学ぶ女性（2016年）。

市部で開業するには不十分ですが、辺境の村にはほとんど仕立屋がないため、この程度の技術でも道具があれば仕事を請け負うことができるのです。開業するのに必要なミシンや針や糸などの道具一式は、〈マイティ・ネパール〉から提供されます（148ページ参照）。

修了生が村に縫製学校を作った

キャンプでこのプログラムを受けたある女の子は、故郷に帰って仕立て屋を開業しました。すぐに注文が入り、瞬《また》く間に月２万〜３万ルピー（約２万〜３万円）を売り上げるまでになりました。月２万〜３万ルピーは、ネパールの大卒初任給よりも高額でした。散財することなく貯蓄《ちょちく》に励《はげ》んだ彼女は、３年も経たないうちに土地を買い、小さな家を建てました。

それだけではありません。仕立屋の開業と同時に、村の女性たちに縫製技術を教える学校をはじめたのです。

実はこの女の子というのは、31ページで紹介したスニタのことです。

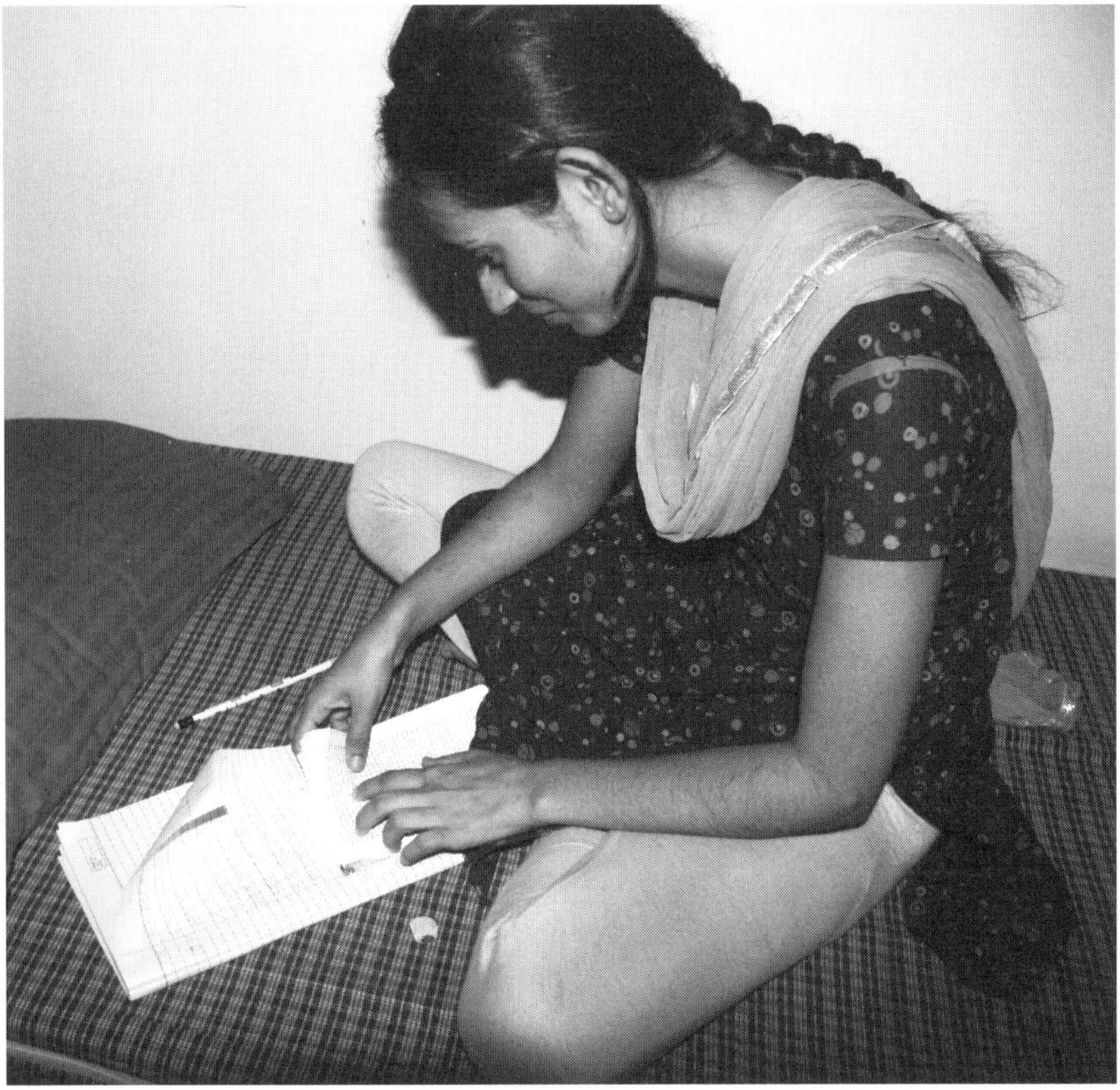

ヘタウダのキャンプでパターン（型紙）の作り方を勉強するスニタ（当時 18 歳）。

「村で縫製技術を教えますと声をかけると、習いたいという人がたくさん来てくれました。でも、ミシンは1台しかないので全員を受け入れることはできません。そこで、とくに意欲的だった18歳～35歳の４人に教えることにしました。月謝は６００ルピーにしました。もっと高くしてもいいのではないかという声もありましたが、田舎だし、はじめたばかりなので安くしました。

家が貧しかったので勉強をあきらめていましたが、キャンプでの勉強が、とても役に立ってます。がんばってもっとたくさんの女性に教えられるようになりたいです」

村で初の縫製教室の先生になったスニタは、「ミス」（先生の意）と呼ばれ、だれもが知る存在となりました。

プロジェクトの影響は社会の片隅《かたすみ》にも

このスニタの成功例を聞いて、縫製教室で学んだあと、故郷の村で仕立屋を開くことが訓練生たちの共通の夢になっています。でも、せっかく技術を身につけても、資金がなければ店を開く夢をかなえることはできません。ミシンと糸や針、裁ちばさみといった最低限の道具をそろえるだけでも1万2000ルピーが必要で、十分な設備を整えるとなると6万ルピーは必要です。

〈マイティ・ネパール〉は、開業するのに必要なミシンや針や糸などの道具一式を提供するという独自の支援を行っていました。優れた縫製技術を身につけた卒業生には独自の資金を提供して、街中に仕立屋をオープンさせた例もあり、現在も店はとても繁盛しています。しかし、修了者全員に開業資金の6万ルピーを支給するだけの資金力はありませんでした。そこで私たち〈ラリグラス・ジャパン〉は「テイラー開業支援プロジェクト」として、修了者にミシン1台と開業に必要な道具一式を提供する計画を立てました。

ヘタウダの縫製教室で学ぶ女性たち。

「テイラー開業支援プロジェクト」への指定寄付を日本で呼びかけて資金を集め、今までに70人の修了者の開業を支援しました。

ヘタウダから車で2時間のシカルプールという村では、縫製教室を修了した3人がチームを作り、村の女の子たちに縫製技術を教えているそうです。もちろん、卒業生全員が仕立屋を開業できるわけではありませんが、学んだという実績だけでも女の子たちの人生にプラスになります。

２０１９年2月に、卒業生全員のフォローアップを行ったところ、仕立屋を開業し、月1万ルピー以上の利益を上げている人や、知り合いの服を仕立てて「１０００ルピー稼いだ」「２０００ルピー稼いだ」という報告がたくさん集まったといいます。自分の力でお金が稼げるということは自信につながり、家族にも評価されるのです。

キャンプを開設した当初は、生徒がなかなか集まりませんでした。農村部では未だ、女子に学問は不要とされる風潮が残っています。とくに貧しい家庭に生まれた女の子は重要な働き手とされ、小学校にさえ充分に通わせてもらえません。そのような慣習があるなか、縫製教室に娘を通わすことに、親はなかなか理解を示してくれませんでした。

ところが設立から26年、今では定員割れどころか、20人の定員に対して入所希望者が跡《あと》を絶たない状態になっています。キャンプに行けば勉強を教えてもらえて、縫製の技術が身につき、ミシンなどがもらえて卒業後には開業できるかもしれない。ピクニックのような楽しいイベントもあるとの評判が広まっているのです。

故郷に帰った卒業生たちが、周囲の女の子たちにキャンプで学ぶことのすばらしさを語ることで、学ぶことの大切さを知り、60人もの女性が学校に通いはじめたという報告もありました。こうしたことの積み重ねで〝女子に勉強は不要〟とされる村の意識が変わっていきます。それも活動の目的のひとつなのです。

ハイリスクの女の子たちが学ぶテレサ・アカデミー

〈マイティ・ネパール〉は、テレサ・アカデミーという私立学校を199

テレサ・アカデミーで学ぶ子どもたち。

8年から運営しています。保育園、幼稚《ようち》園、1年生～10年生までのクラスがあり、約３００人の子どもたちに13人の教師が教えています。勉強する科目は、ネパールの一般的な学校の基本科目と同じで、ネパール語、英語、数学、理科、社会、コンピューターなどがあります。

ネパールでは1年生～8年生までの8年間が無償の義務教育期間とされていて、公立学校の授業料は無料で教科書も無償《むしょう》配布されます。9年生～12年生までの4年間が中等教育期間で、10年生の修了時にＳＬＣ＊を受験します。ＳＬＣは日本の高校卒業認定試験のような扱いで、この試験に合格しなければ進学できません。就職する場合も、試験にパスしていなければいい仕事にはつけないといわれており、ＳＬＣの結果次第で将来が決まってしまうといわれるほど重要視されています。

生徒の半分＊は、〈マイティ・ネパール〉本部の敷地《しきち》内にある宿舎で集団生活する女の子たちです。親が貧しくて育てられず預けられた子、警察によってマイティに連れてこられた捨て子やストリートチルドレンなどさまざまですが、共通するのは〈マイティ・ネパール〉に保護されなければ、勉強す

＊ＳＬＣ　学校教育修了資格試験。School Leaving Certificate の略。全国一斉に統一の問題で実施され、合格率は50～60％といわれている。

＊生徒の半分　残りの半分は近隣の子どもたちが通っている。公立学校の場合は授業料無料、教科書は無償配布されるが、私立学校は授業も教科書も有料。テレサ・アカデミーも外部の生徒からは授業料を徴収《ちょうしゅう》し、その収入を学校運営費の一部にあてている。

る機会は得られなかったという点です。

人身売買被害者の大半が、義務教育さえ満足に受けられなかった女の子たちです。勉強する機会に恵まれなかったことは、危険にさらされていることを意味します。テレサ・アカデミーは、そうしたハイリスクの女の子たちに犯罪から身を守り、豊かな未来を育むことができるよう、最低でもＳＬＣ合格まで勉強できるよう支援しています。

第7章 コロナ禍という試練

〈マイティ・ネパール〉に保護された女の子たちが自らの体験を語るなどして
人身売買という犯罪の啓発を行う。

〈マイティ・ネパール〉は、30年にわたる活動で、何万人もの女の子たちを救ってきましたが、２０２０年冬からの新型コロナウイルスの世界的な流行によって、大きな試練に見舞われました。

ネパールで初めて新型コロナウイルス感染が報告されたのは、２０２０年1月24日のことです。感染症拡大防止のため、ネパール政府は1月末にロックダウンを実施し、特定のエリアや建物への出入り、人の移動を制限しました。また、ネパールに発着するすべての国際線・国内線の航空機の運航や長距離バスの運行を停止したのです。

ロックダウンは7月に解除され、ホテル、レストラン、旅行、トレッキングなどの営業再開が認められました。長距離バスなどの公共交通機関、国際線、国内線の航空機の運航も再開されましたが、しばらくの間は学校や塾《じゅく》などの教育活動、セミナーや研修活動などは引き続き制限されたままでした。

ネパール経済の悪化

ヒマラヤをはじめとする雄大な自然や、釈迦の生誕地ルンビニなどの世界遺産を擁《よう》するネパールは、世界の旅行者を魅了《みりょう》する観光立国です。ロックダウンによって飛行機の乗り入れが禁じられたため、ホテルやレストラン、土産物屋やタクシーなど、旅行に関係する職業に携《たずさ》わる人たちは大打撃《だげき》を受けました。ネパールの民間企業は雇用を４分の１削減《さくげん》したといわれ、ホテル・レストラン業の失業率は40％にもなりました。カトマンズにいても仕事が見つからないため多くの人が故郷に帰り、一時的でしたがカトマンズの人口は30～40％も減少しました。

ネパールの経済は、自国に目立った産業がないため、出稼ぎ労働者の海外からの送金によっても支えられています。２０１９年度の海外送金額は８７５０億ルピーと、国内総生産の23％にも相当します。公式データによると、正式な許可をとって出稼ぎに行っている人は５８１万人を超え、マレーシア

世界遺産パタンのダルバール広場で消毒をする職員（2020年4月）。Narendra Shrestha/Asian Development Bank、Flickrより

やカタール、サウジアラビアや日本などが出稼ぎ先になっています。こうした出稼ぎ国でも感染爆発が起こったため、数百万人の労働者が帰国を希望し、実際に約4万人が帰国しました。しかし、これだけ多数の帰国者を受け入れるだけの経済的な余力が、ネパールにはありません。そのため多くの人が生活難を強いられることになりました。

緊急支援「コミュニティ・キッチン・プロジェクト」

コロナ禍によって生活が困窮《こんきゅう》し、その日の食べるものにも事欠く状況に陥った家庭を対象に、ネパール政府は2週間分の豆や米などの食料を配給しましたが、たったそれだけで足りるはずもありません。

そこで〈マイティ・ネパール〉は、2020年6月、緊急《きんきゅう》支援に乗り出しました。「コミュニティ・キッチン・プロジェクト」を立ち上げ、貧困家庭の女性と子どもに、栄養価の高い食べ物を提供する活動をはじめたのです。

また情報に疎《うと》く知識が不足しているため、感染予防に関する啓発活動とマスクや医薬品の配布も同時に行うことにしました。

　感染予防に努めながら、毎日２５０人以上に食事を供給する活動は容易ではありませんでしたが、「コミュニティ・キッチン・プロジェクト」は国際的にも高く評価され、ＵＮウィメン（国連女性機関）＊などの支援を受け、２０２１年末までの１年半の間、ネパール各地で継続《けいぞく》されました。

性犯罪の増加

　新型コロナウイルスの世界的なまん延は、教育にも大きな影響を与えました。ユニセフとＥＵ（欧州連合）が共同で発表した声明によれば、各国で実施されたロックダウンのピーク時、休校によって世界の学齢期の子どもの90％以上が学校に通えず、そのうちの３分の１が教育から完全に切り離された状態になったといわれています。

　貧困と教育機会の欠乏は、人身売買犯罪が起こる大きな要因です。教育の機会を失った女の子たちが危険に晒《さら》されることが懸念《けねん》されました。

＊「男女平等と女性のエンパワーメントのための国連機関（ＵＮウィメン）」①女性のリーダーシップと政治参画　②女性の経済エンパワーメント　③女性に対する暴力撤廃　④平和と安全保障のあらゆる局面における女性の関与　⑤国家の開発計画と予算におけるジェンダー平等の反映　の５つの取り組みを行っている。２０１０年設立。

ＷＥ ＥＭＰＯＷＥＲ Ｇ７*は、２０１７年のＧ７サミット（主要国首脳会議）で採択された「ジェンダーに配慮《はいりょ》した経済環境のためのＧ７ロードマップ」を受けて、ＵＮウィメン、ＩＬＯ（国際労働機関）、ＥＵによって立ち上げられた、ジェンダー平等を推進するための環境整備を支援する国際的なプロジェクトです。

ＷＥ ＥＭＰＯＷＥＲ Ｇ７によれば、２０２０年の新型コロナウイルスの世界的な感染拡大で、各国とも外出が制限され、家庭内暴力や性暴力、性犯罪の件数が世界的に増加したと報告されています。ネパールにおいても同様の現象が見られ、ロックダウンが解除された直後、〈マイティ・ネパール〉には多数の家庭内暴力や性犯罪の被害者から相談が持ちこまれました。２０２０年末の時点で保護した少女や女性は24人、カウンセリングを行ったのは１２４人に上りました。いずれも家庭内で起こった耳をふさぎたくなるようなひどい事件ばかりでした。

経済的・精神的に満たされないストレスは、社会的存在が軽視されている女性にむけられがちです。暴力や虐待、性犯罪となって現れることになり、

*WE EMPOWER G7　G7に名を連ねるカナダ、フランス、ドイツ、イタリア、日本、イギリス、アメリカが参加し、2018年に3年間のプロジェクトとして始動。官民セクターにおける女性の経済的エンパワーメントの促進と、それにより持続的で公平な経済成長を支援することを目的とする。

コロナ禍でいっそう陰惨《いんさん》な状況になったのです。

災害後に増加する人身売買

経済が悪化して失業率が増加すると、犯罪が増えるといわれています。2015年4月に発生したネパール大地震*の後も、人身売買犯罪が急増しました。家や職を失った被災家庭に海外出稼ぎの仕事を紹介すると持ちかけ、多くの少女や女性が犯罪に巻きこまれたのです。

ネパールでは、古くから海外に出稼ぎに行く風習があります。政府の認可を受けたあっせん業者によって、正規ルートを通じて送り出されれば問題はないのですが、悪徳業者にだまされるケースは少なくありません。出稼ぎ国で秘密裡《ひみつり》に営業する売春宿で働かされたり、経由地のインドで売春宿に売られるケースが後を絶たないのです。

コロナ禍でロックダウン中は人の移動が制限されていたため、人身売買犯罪は鳴りをひそめましたが、移動制限が解除されたとたん、海外出稼ぎの仕

*ネパール大地震　16ページ参照

地震で被害を受けたシンドゥ・パルチョーク郡の中学校（2015年5月22日撮影）。アジア開発銀行、Flickrより

事のあっせんを口実に犯罪が急増しました。

これまで出稼ぎ先といえばインドや中東諸国が大半でしたが、最近はスリランカも出稼ぎの対象国になっています。入国の監視の目が緩く、インド経由ですぐにたどり着ける利点があり、今後、スリランカへの人身売買が増加するであろうと推測されています。そのため、ネパール警察の反人身売買局の捜査活動に〈マイティ・ネパール〉も協力することになりました。

国内に売られるケースの増加

現在、ネパール国内のセックスワーカーは、カトマンズ市内だけで1万人がいるといわれています。〈マイティ・ネパール〉の調査によれば、その大半が貧農地帯の出身者で、地元では現金を得られる仕事がないために、カトマンズに出てきたとされています。

２０２１年10月、〈マイティ・ネパール〉は警察と合同で、カトマンズ郊外の一軒家から５人の少女を救出しました。一組の夫婦が民家を売春宿にして、少女たちを拘束《こうそく》して売春をさせていたのです。生後11カ月の赤ちゃんを抱えた少女（17歳）もいました。少女たちは全員、貧しい農村部の出身者で、村にやってきた行商人（実はピンプ＝周旋人）から「いい仕事を紹介してあげよう」と声をかけられ、カトマンズに連れてこられたといいます。

ネパール国内のセックスワーカーもロックダウンの間、まったく客がとれなかったため、たちまち生活が立ちいかなくなりました。彼女たちの窮状《きゅうじょう》を知った〈マイティ・ネパール〉は、米や豆などの食料品やマスクをはじめとする日用品、金銭の支給に乗り出しました。

自助グループが存在した

〈マイティ・ネパール〉が国内での救援活動を開始すると、２つのセックスワーカーの自助グループと出会ったといいます。客や警察とのトラブルや病気、子どもの問題など、リーダーが相談を受け、たがいに助け合っている組織だというのです。

2023年4月、3年8カ月ぶりにネパールを訪れたときに代表のアヌラダさんからこの話を聞き、自助グループの活動の内容を知りたいと思った私は、取材する機会を作ってもらいました。

取材の席には、マヤさん（50代）をリーダーとするグループから30人、サムジャナさん（30代）をリーダーとするグループが20人、子どもも含め総勢60人以上の人が集まりました。

メンバーの年齢は14歳〜68歳だということでした。そのなかに、10代後半の白杖《はくじょう》を握った女の子がいました。目の見えない少女が夜の街に立つ姿を想像すると、胸が痛くなりました。少し離れた場所には、白髪のおばあさんがいました。おばあさんもグループの一員で、彼女が最高齢でした。〈マイティ・ネパール〉はおばあさんに、住まいと食事を提供していましたが、1カ月もしないうちに姿を消してしまったといいます。

「今もただ同然で客の相手をしています。危険なのでうちの施設に入るよう声をかけていますが、拒まれます。自由気ままに暮らしたいのでしょう。何十年も続けてきた生活を変えることはもはや無理なのかもしれません」

このアヌラダさんの言葉にいたたまれない気持ちになりました。

こうした2つの自助グループを〈マイティ・ネパール〉は継続的に支援しています。食料品や金銭の支給に加え、とくに力を入れているのが転職のサポートです。

彼女たちの仕事は身体が資本です。病気になれば働くことはできません。今回のように人々の外出や行動を制限する措置《そち》がなされれば、１ルピーたりとも稼ぐことはできません。そんな綱渡《つなわた》りのような生活から脱するため、安定した収入を得られる職業に就いてもらうのです。

職種は、テンプドライバー＊や重機オペレーター、美容師などです。１万～2万ルピーで開業できる屋台を開くという道もあり、この３年の間に約３００人の転職が実現しました。

４月の訪問時、アヌラダさんが定期的に行っている夜間巡回《じゅんかい》にも同行しました。〈マイティ・ネパール〉のサポートを受け、繁華街《はんかがい》で屋台を営む元セックスワーカーの20代女性は、「売り上げは今一つですがなんとか生活できています」と、笑顔を見せてくれました。

＊テンプドライバー　テンプはオートリクシャーの荷台に６～10人乗れるようになっている乗り合いバス。

しかし、にぎやかな通りを抜けると状況が一転したのです。シャッターを下ろした商店の軒下や橋の下で大勢の人が眠っており、なかには中年女性の姿もありました。

アヌラダさんは言います。

「彼女には家がありません。わずかなお金で客をとり、一日一日を生き抜いているのです。安酒や食べ物をもらって相手をする場合もあります。客ともめて暴力を振るわれることもあります。病気にもなります。毎日が危険と背中合わせなのです」

〈マイティ・ネパール〉は、こうしたハイリスクのセックスワーカーの支援に力を入れていくと話していました。

活動を止めない〈マイティ・ネパール〉

２０２１年７月から12月までの６カ月間でヘタウダのキャンプに持ちこまれた相談は、レイプ事件が30件、家庭内暴力が１００件以上ありました。コ

街で人身売買犯罪についてアピールをする〈マイティ・ネパール〉のメンバーたち。

ロナ禍で、少女や女性が被害者となる犯罪は急増したのです。キャンプの責任者のマヤさんは、毎日のように警察署に足を運び、問題の解決に奔走《ほんそう》しました。

このように、コロナ禍にあっても〈マイティ・ネパール〉が活動の手を緩《ゆる》めることはありませんでした。２０２１年の1年間で３０００人以上＊の強制売春やレイプなどの性被害者を保護し、58件の人身売買事件の犯人を裁判にかけています。

アウエアネス・キャンペーン

〈マイティ・ネパール〉は、１９９３年の設立時から、年間10回ほど各地でアウエアネス・キャンペーン＊を開催しています。人身売買犯罪に巻きこまれることのないよう、誘惑《ゆうわく》の手口や危険回避《かいひ》の方法を知らせる啓発活動です。

山間で暮らす人びとは、やせた農地を耕し、かろうじて一日の糧《かて》を得るよ

＊〈マイティ・ネパール〉が保護した女の子や女性の数　２０２３年では６月３３６人、７月２６７人、８月３１４人。９月２７６人。

＊アウエアネス・キャンペーン　アウエアネスは英語で「意識」の意味。ネパール社会の意識を変えていく啓発活動。

うな暮らしを強いられています。難しいテーマの演説会を開いたところで、集まってはくれません。そこで村の空き地などで芝居《しばい》や歌謡《かよう》ショーなどを行って人びとを集めるという方法が考え出されました。

芝居の筋は、両親と弟と暮らす女の子のもとに、出稼ぎのいい話があるという男が現れ、カトマンズでの仕事を持ちかけます。親もすっかりだまされ、女の子を男に委ねます。ところが行き着いた先はインドの売春宿。来る日も来る日も客の相手をさせられ、少しでも反抗的な態度をとれば暴力を振るわれます。だまされた自分を悔やみ、故郷を想って涙にくれる、この少女の運命やいかに……というものです。

この芝居を〈マイティ・ネパール〉に保護された女の子たちが自らの体験を通して演じるのです。こうして人身売買の実態と犯罪から身を守る術が村人たちに伝えられます。娯楽《ごらく》の少ない農村部ならではの啓発活動で、インドなどアジア各地では、人権団体や労働組合、政党、専門の演劇集団などが啓発活動のために演劇を活用しています。

集落から集落へと移動する際には、太鼓《たいこ》を叩きながら練り歩き、民謡を替

子どもたちにむけ、お芝居で人身売買犯罪の啓発を行う〈マイティ・ネパール〉に保護された女の子たち。

え歌にして、メッセージを触れ回ります。訪れた集落のあちこちに、啓発ポスターを貼って回ります。貧しい山間の村に暮らす人のなかには読み書きができない人もいるため、ポスターはイラストで表現されています。

　コロナの行動制限が緩和《かんわ》されると、各地で大規模なアウエアネス・キャンペーンを再開しました。人身売買や児童婚*、家庭内暴力や児童虐待などの犯罪に巻きこまれないよう注意を促すポスター貼りやパンフレットの配布を行い、歌や芝居を通して人身売買犯罪の危険性を呼びかけました。地域の行政や教育機関の協力を得て、学生を対象に、犯罪から身を守るためのオリエンテーションも開催されました。

　新しい取り組みとして、〈マイティ・ネパール〉が国内16か所で運営しているトランジット・ホーム*が、「ラジオ・ジングル」というラジオ放送をスタートさせました。コロナ禍で〈マイティ・ネパール〉のスタッフが被害者のもとへ直接訪問することが困難になったため、ラジオでホットライン番号を案内し、トラブルに巻きこまれた場合は速やかに連絡するよう呼びかけたのです。コロナ禍が収束した今も、ラジオ放送は継続されています。

〈アウエアネス・キャンペーン〉のポスター。

*児童婚　18歳未満の少女たちが結婚していく風習。家事労働の強制、通学の断念、妊娠・出産による健康悪化、暴力、虐待などを受ける温床《おんしょう》になっている。ネパールでは、1963年から児童婚を禁止し、結婚可能年齢は男女とも20歳以上と法律で定めている。しかし、女性の33%が18歳未満で結婚しているというデータが報告されている（世界子供白書2023）。純潔志向が根強く、穢《けが》れを知らないうちに嫁がせるべきという古くからの考えや貧困が理由になっている。

*トランジット・ホーム　142ページ参照

国際デーでのさまざまな取り組み

国連は人権の啓発を目的にさまざまな記念日を定め、国際NGOや関連企業、団体が多様な取り組みを行っていますが、〈マイティ・ネパール〉も関連の記念日には、イベントやキャンペーンを行い性産業への人身売買の問題を国内外にアピールしています。

国際的な記念日である「人身取引反対世界デー」（7月30日）や「世界人権デー」（12月10日）、ネパール独自の記念日である「人身売買廃絶デー」（9月6日）には、〈マイティ・ネパール〉本部のあるカトマンズはじめ、トランジット・ホームやプリベンション・キャンプが運営される地域で、毎年大々的なキャンペーンを展開しています。当日はスタッフや保護される犯罪被害者、警察や法律関係者、教育関係者や学生などが隊列を作り、人身売買廃絶を訴《うった》える横断幕を掲《かか》げてシュプレヒコールをあげながら練り歩きます。

2023年の「人身取引反対世界デー」では「犠牲者の声が未来への道を

リードする」をテーマにデモ行進を実施しました。９月の「人身売買廃絶デー」には、大規模な啓発キャンペーンが実施されました。

１週間前からソーシャルメディアを通じて啓発メッセージを配信し、学生オリエンテーション、若い男性を対象とした法的オリエンテーション、地方自治体との交流会、意識向上のためのクイズ大会、街頭でのパンフレット配布など、人身売買問題に対する意識を高めるためのプログラムを一斉開催しました。

12月1日の「世界エイズデー」の前夜は、本部があるガウシャラ地区で集会を開き、シェルターに保護される女性やテレサ・アカデミーの子どもたちがレッドリボンをかたどったキャンドルを点《とも》し、病気によって命を落とした人々のために1分間の黙祷《もくとう》を捧《ささ》げます。現在ももちろん、差別や偏見が完全になくなったわけではありませんが、少なくとも、ＨＩＶ／エイズ患者の診療を拒む病院はほぼなくなりました。〈マイティ・ネパール〉などＮＧＯの啓発活動が大きな力になっています。

このように〈マイティ・ネパール〉の人身売買の根絶、被害者の支援の活動はとどまることがありません。

■人身売買問題に関連する記念日、国際デー

◆国際女性デー　毎年３月８日
女性の人権を守るため、1975年に制定。1904年３月８日にニューヨークで起きた、女性労働者による婦人参政権を求めるデモが起源となった国際デー。

◆人身取引反対世界デー　毎年７月30日
人身取引とは強制的な手段となる暴力・脅迫・誘拐・詐欺・拉致などで人員を獲得し、労働を強いたり奴隷化すること。人身取引の廃絶にむけた啓発のための国際デー。

◆人身売買廃絶デー　毎年９月６日
2007年５月、ネパール政府は「人身売買は政府の責任である」との声明を発表し、９月６日を人身売買廃絶デーに制定。ネパール独自の記念日。

◆世界子どもの日　毎年11月20日
1954年、世界の子どもたちの相互理解と福祉の向上を目的として、国連によって制定された国際デー。

◆女性に対する暴力撤廃の国際デー　毎年11月25日
1960年、ドミニカ共和国で独裁政治への反対運動を行っていたミラバル姉妹が政府によって暗殺された事件をきっかけに制定された、女性に対する暴力撤廃を訴える国際デー。

◆世界エイズデー　毎年12月１日
世界規模でのエイズまん延の防止、エイズ患者やＨＩＶ感染者に対する差別・偏見の解消を目的とし、エイズへの理解と支援のメッセージを示すレッドリボンを身に着けるなど、世界中でさまざまな啓発イベントが催される国際デー。

◆奴隷制度廃止国際デー　毎年12月２日
1949年12月２日、国際連合で「人身売買及び他人の売春からの搾取の禁止に関する条約（人身売買禁止条約）」が採択されたことを記念して制定された国際デー。

◆世界人権デー　毎年12月10日
1948年に開催された国際連合第３回総会において、「世界人権宣言」が採択されたことを記念して制定された国際デー。

第8章　私たちにできること

〈マイティ・ネパール〉のイタハリのプリベンション・キャンプで
テーブルクロスの絵付けを習う女の子たち。

「ネパールの女の子たちのためになにかしたいのですが、学生でもできることはありますか？」

中学生や高校生、大学生のみなさんからこうした質問をいただきます。同世代の女の子たちが置かれる実情を知り、いてもたってもいられない気持ちになったものの、学生の自分にできることなどあるのだろうかと思うようです。

国際協力と聞くと、国連機関や政府機関、ＮＧＯなどに所属する専門家でなければなにもできないのではないか、とハードルの高さを感じるのかもしれません。しかし私は、「学生さんにもできることはたくさんありますよ」と答えています。

①知ることからはじめてみよう

問題の解決は、「問題の現状がどうなっているのか」を知ることからはじまります。なにかに取り組むときも同様、それがどういうものであるかを知ることがはじめの一歩となります。南アジアの人身売買に関する本を読んだり、映画を見たり＊、人身売買問題に取り組むＮＧＯ＊のホームページを閲《えつ》覧《らん》するなどして、問題の本質を知ることからはじめてみましょう。ＮＧＯが主催するイベントや報告会に出席したり、スタディーツアーに参加すれば、より深くリアルな情報を得ることができるでしょう。

とくに、国連の定めるさまざまな記念日（国際デー）には、全世界で多岐にわたる啓発の取り組みが行われ、イベントなども企画されています（１７０ページ参照）。

②周りの人に知らせよう

本やイベントを通して知ったことや感じたことを、友だちや家族など身近な人に伝えてみましょう。ＳＮＳを利用している人であれば、情報発信するという方法もあります。１人の力は小さなものでも１００人集まれば１００倍の力に、１万人集まれば１万倍の力になります。情報が拡散されることで

＊関連する本や映画　１８２ページ参照。

＊人身売買問題に取り組むＮＧＯ（順不同）

認定ＮＰＯ法人ラリグラス・ジャパン
http://www.laligurans.org

ＪＡＮＡＴＩＰ（人身売買禁止ネットワーク）
https://www.jnatip.net

認定ＮＰＯ法人かものはしプロジェクト
https://www.kamonohashi-project.net

ノット・フォー・セール・ジャパン
https://notforsalejapan.org

ＥＣＰＡＴ／ストップ子ども買春の会
https://ecpatstop.jp

認定ＮＰＯ法人国際子ども権利センター　シーライツ
http://www.c-rights.org

関心を呼び、支援の輪が広がれば、問題解決を後押しする大きな力になります。

③寄付してみよう

人身売買被害者の女の子たちへ医療や教育の機会を提供する。女の子たちが犯罪に巻きこまれないよう啓発キャンペーンを行う。貧困から脱出するために、収入向上のためのスキルを訓練する場所を作る――。

こうした現地団体が行う活動には資金が必要です。資金源となるのは、活動に賛同してくれる方からの継続的に支払われる会費や寄付金などです。会費は一定の金額が決まっていますが、寄付の場合、最低額や最高額が定められていることはほとんどありません。たとえ少額であっても多数の方から集まれば大きな資金になります。

しかし、「親に扶養《ふよう》してもらっている自分が寄付するなんておこがましい」という気持ちから、寄付行為自体に抵抗がある方もいるようです。団体のな

知ったことはだれかに知らせることが大切。写真は〈アウエアネス・キャンペーン〉でポスターを街頭に貼る女性。

かには、そうした気持ちに沿った寄付プログラムも用意されています。

〈ラリグラス・ジャパン〉では、委託販売《いたくはんばい》＊という寄付プログラムがあります。

保護される女性たちが制作したビーズ・アクセサリーやフエルト素材の小物などを、学園祭や地域のバザーで販売し、その売り上げを寄付していただくというプログラムです。

共栄学園中学・高等学校（東京都）、早稲田《わせだ》大学本庄《ほんじょう》高等学院（埼玉県）などは、ボランティア部や有志のメンバーが中心となって、文化祭・学園祭などで委託販売を行い、その売上金の寄付を続けてくれています。また、地域でチャリティーバザーを催《もよお》してくださるなど、これまでに多くの方々にご協力いただきました。クラスメイトや仲間、地域でできる国際協力として、ぜひ挑戦してみてください。

＊ネパール製品の委託販売のシステム
〈ラリグラス・ジャパン〉では、ビーズ製品やネパール雑貨を委託販売している。
●店舗販売、集会販売など、販売見こみに応じた個数を送付。
●売り上げの報告と入金をしていただく。
●不良品、売れ残り商品の返品送料、入金手数料は〈ラリグラス・ジャパン〉が負担。
●売上利益は全額〈マイティ・ネパール〉へ寄付する。
くわしくは、http://www.laligurans.org/image/itakuhanbai.pdf
〈ラリグラス・ジャパン〉のパンフレットや、活動紹介のミニパネルを貸し出しています。TEL・FAX：03-3446-2193またはメール：info@laligurans.orgにご連絡・ご相談ください。

④ボランティアをしてみよう

多くのＮＧＯがボランティアを募集しています。数日限りといった単発募集から継続的なボランティア、長期的に協力を求められるインターンなど、募集形態や条件は団体ごとに異なります。スタッフと活動を共にすることで、現地情報をよりくわしく知ることができるのが利点です。自分の生活スタイルに合った形で参加してみましょう。

⑤専門知識や技術を身につけよう

将来、国際協力に関係する仕事をしたいと考えている方は、次の２つを実現してください。

１つ目は、言葉を習得すること。国際協力の現場では、主に英語が使われるため、英語力を身につけるのは必須《ひっす》です。

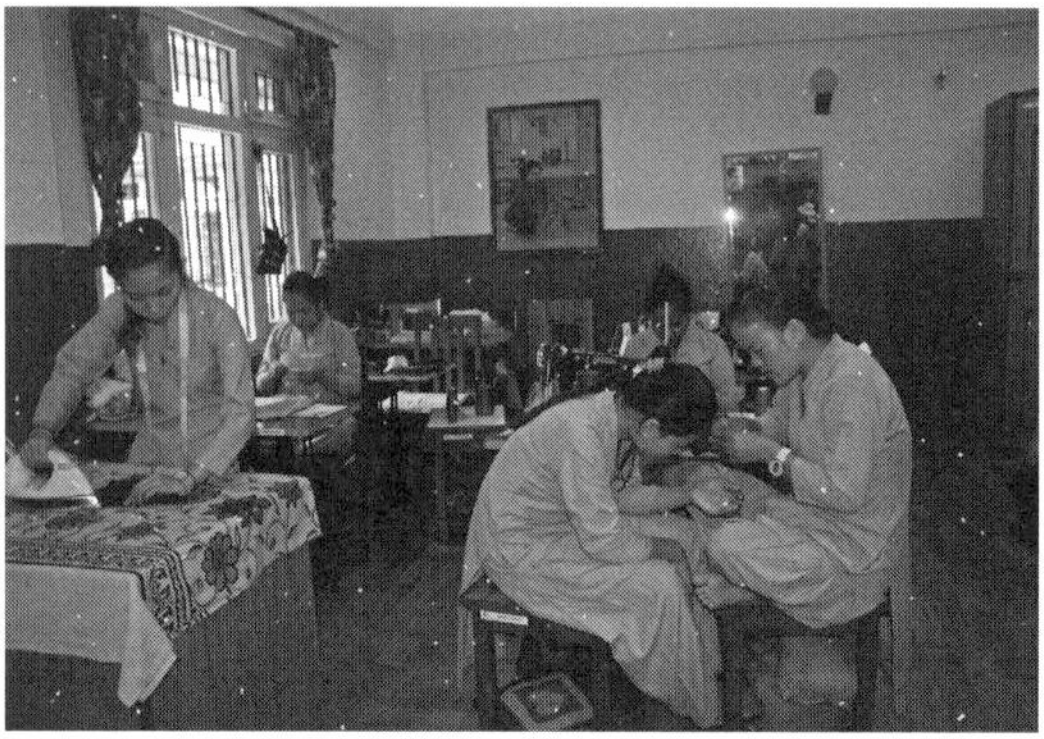

〈マイティ・ネパール〉の本部の施設で職業訓練を行う女性たち。

２つ目は、医療、経済、ＩＴなど、それぞれの分野における専門知識や技術をマスターすること。また、地域の文化風習についても関心を持ち、知識の習得を積み重ねてください。十分な知識や技術を備えていれば、国際協力の現場で即戦力として活躍の場が広がります。

⑥自分事として考えてみよう

人身売買問題の主な原因は、貧困と教育機会の欠乏です。確かに日本で飢えに苦しんでいる人がいるといった報道がされることはほとんどありません。豊かな教育環境も整っています。けれど、日本にも危険ととなり合わせの状態にあると感じる女の子たちが増えてきているような気がしてなりません。

第1章のなかで、ＳＮＳを通じて知り合った男によって人身売買された女の子について紹介しました。ＳＮＳはふだん出会う機会のない相手とも知り合える便利なコミュニケーションツールです。しかし見方を変えれば、よく知らない相手に自分の個人情報を提供してしまうリスクがあるということです。事実、ＳＮＳにアップされた画像をもとに住所が特定され、ストーキング被害や性被害にあったという事件も報告されているのです。

無知であること、無防備であることはとても危険なことです。日本に暮らす女の子にも起こりうることです。

だれかのためになにかしたい――。

その想いはとても尊いものだと思います。どうかその想いをもとに、ぜひアクションを起こしてみてください。だれかのためになにかしたいと思ってはじめたことなのに、いつの間にか自分の胸が温まっていることに気づくはずです。相手の助けになるだけでなく、こちらの心も豊かになるのが国際協力なのだと思っています。

筆者（右）と会話しながら、笑みがこぼれるカビータ（右から２人目、39 ページ参照）。

あとがきにかえて

２０２４年4月、〈マイティ・ネパール〉は設立から32年目を迎えます。その間、５５０１人の行方不明者の申告を受け、水際で阻止《そし》した被害者も含め5万２３９４人の人身売買被害者を救い、３０００人以上の被害者に仕事を提供し、１９０２人の売人を有罪にしました。〈マイティ・ネパール〉の精力的な活動によって、多くの女の子の人生が救われてきたのです。

近年はネパール政府による女の子への支援も増えてきました。例えば教育分野では、女子生徒とカミ（ネパールのカーストで不可触民にあたる）は10年生まで教科書が無料配布され、授業料も免除《めんじょ》されています。結果、5～24歳の識字率が92・5％（男94％・女91％）、初等教育後期修了率が男94％・女91％、前期中等教育修了率が男71％・女75％まで引き上げられました。

こうした取り組みによって、ネパールの女の子を取り巻く環境は少しずつ変化を見せています。しかし、人身売買、性犯罪、家庭内暴力など、〈マイティ・ネパール〉に持ちこまれる事件は後を絶ちません。ゴールはまだまだ先にあり、さらなる活動が求められています。

小学校にも通えず、自分の名前さえ書くことができない――。

自分と同世代の女の子が売られ、強制的に働かされている――。

想像するのも難しい出来事かもしれません。

ですが、それはネパールで実際に起きている現実です。

人身売買被害にあった女の子たちから話を聞かせてもらうたびに思ったことがあります。それは、人はどの国のどんな家庭に生まれたかによって、その後の人生を決定づけられてしまうということです。

私たちは生まれる国も家庭も自ら選ぶことはできません。だからといって、ネパールの貧しい家庭に生まれ、人身売買被害にあったことを不運だったと片づけてしまってはならないと思うのです。

どうか遠い国の出来事だと通りすぎることなく、ネパールの女の子たちに想いを寄せてください。そして、どんなに小さなことでも構いません。自分にできることからはじめてみてください。一つひとつは小さなものでも、数多く集まれば大きな力になります。みなさんの力の集結によって、近い将来、売られる女の子がこの世界からいなくなることを願っています。

【参考になる本・映画】

『少女売買——インドに売られたネパールの少女たち』長谷川まり子、光文社、２００７年

『世界中から人身売買がなくならないのはなぜ？——子どもからおとなまで売り買いされているという真実』小島優＋原由利子、合同出版、２０１０年

『現代の奴隷——身近にひそむ人身取引ビジネスの真実と私たちにできること』モニーク・ヴィラ、山岡万里子 訳、英治出版、２０２２年

『性的人身取引——現代奴隷制というビジネスの内側』シドハース・カーラ、山岡万里子 訳、明石書店、２０２２年

映画「サラーム・ボンベイ！」ミーラー・ナーイル 監督、インド・イギリス・フランス・アメリカ合作、１９８８年

映画「未来を写した子どもたち」ロス・カウフマン、インド、２００４年

映画「ネファリアス——売られる少女たちの叫び」ベンジャミン・ノロ 制作・脚本・監督、アメリカ、２０１１年

【参考にした文献】

『現代ネパールを知るための60章』公益社団法人日本ネパール協会編、明石書店、２０２０年
『ネパール全史』佐伯和彦、明石書店、２００３年
『ネパールの人身売買サバイバーの当事者団体から学ぶ――家族、社会からの排除を越えて』田中雅子、上智大学出版、２０１７年
「世界子供白書２０２３」日本ユニセフ協会、２０２３年
「南アジア地域報告書」世界銀行、２０２２年
「Rights Based Approach とは」ＪＩＣＡ国際協力機構企画部、２００３年

■著者プロフィール

長谷川まり子　　認定 NPO 法人ラリグラス・ジャパン代表

ノンフィクションライターとして世界の社会問題を取材する過程で、インド・ネパールの越境人身売買問題を知りライフワークに。新聞、雑誌、書籍、テレビドキュメンタリーを通じてリポートするとともに、1997 年に NGO「ラリグラス・ジャパン」を立ち上げ、その代表として人身売買被害者を支援する活動を続ける。『少女売買 ── インドに売られたネパールの少女たち』（光文社、2007 年）で第 7 回新潮ドキュメント賞を受賞。

装幀　守谷義明＋六月舎
カバーイラスト　ミヤザーナツ
本文組版　ペリカン製作所
作図（P.5、24、72、73、76、106）　Shima.

わたしは 13 歳　今日、売られる。
ネパール・性産業の闇から助けを求める少女たち

2024 年 3 月 30 日　第 1 刷発行

著　者　長谷川まり子
発行者　坂上美樹
発行所　合同出版株式会社
　　　　東京都小金井市関野町 1-6-10
　　　　郵便番号 184-0001
　　　　電話 042（401）2930
　　　　ＵＲＬ：https://www.godo-shuppan.co.jp
　　　　振替 00180-9-65422
印刷・製本　株式会社シナノ

■刊行図書リストを無料送呈いたします。
■落丁乱丁の際はお取り換えいたします。

ISBN978-4-7726-1546-4 NDC360 148 × 210